복 있는 사람
오직 여호와의 율법을 즐거워하여 그 율법을 주야로 묵상하는 자로다.
저는 시냇가에 심은 나무가 시절을 좇아 과실을 맺으며 그 잎사귀가
마르지 아니함 같으니 그 행사가 다 형통하리로다. (시편 1:2-3)

영혼의 추적자

Ken Gire

Relentless Pursuit

영혼의 추적자

켄 가이어 지음 | 김동완 옮김

복 있는 사람

영혼의 추적자

2012년 11월 14일 초판 1쇄 인쇄
2012년 11월 21일 초판 1쇄 발행
지은이 켄 가이어
옮긴이 김동완
펴낸이 박종현
도서출판 복 있는 사람
서울특별시 마포구 연남동 246-21
Tel 723-7183 | Fax 723-7184
blesspjh@hanmail.net
영업 마케팅 723-7734
등록 1998년 1월 19일 제1-2280호

ISBN 978-89-6360-101-4

Relentless Pursuit
by Ken Gire

Copyright ⓒ 2012 by Ken Gire
Originally Published in English Under the title
Relentless Pursuit: God's Love of Outsiders Including the Outsider in All of Us
Published by Bethany House Publishers
a division of Baker Publishing Group
11400 Hampshire Avenue South, Bloomington, Minnesota 55438, U.S.A.
All rights reserved.

Translated and used by the permission of Bethany House Publishers
through the arrangement of rMaeng2, Seoul, Korea.
This Korean edition Copyright ⓒ 2012 by The Blessed People Publishing Co.

이 책의 한국어판 저작권은 알맹2 Agency를 통해 Bethany House Publishers와 독점 계약한 도서출판 복 있는 사람이 소유합니다. 저작권법에 의하여 한국 내에서 보호를 받는 저작물이므로 무단 전재와 복제를 금합니다.

나를 찾아낸 그렉 존슨에게

우리가 아무리 많이 실패해도
하나님께서는 우리를 저버리지 않으신다.
그분께서는 우리의 약함을 아시고 여전히 우리를 사랑하시며,
연인이 연인을 뒤쫓듯 우리를 끈질기게 추적하신다.

_로버트 왈드론, 「나를 뒤쫓는 하늘의 사냥개: 프랜시스 톰슨의 잃어버린 일기장」[1]

| 차례 |

감사의 글　　　　　　　　　　　　　11

들어가는 말　집을 떠나다　　　　　13

1장　추적　　　　　　　　　　　　25

2장　추적자　　　　　　　　　　　39

3장　추적의 본질　　　　　　　　　55

4장　우리 안의 잃어버린 부분　　　83

5장　바깥에 있는 자들을 향한 하나님의 열정　　107

6장 바깥에 있는 자들을 위한 하나님의 준비   121

7장 바깥에 있는 자들을 향한 예수의 사명   133

8장 안에 있는 자들에게 주시는 하나님의 명령   159

9장 되찾은 나의 일부   179

맺는말 집에 오다   199

부록   하늘의 사냥개   209

주   225

감사의 글

진심으로 감사드립니다. 나를 추적하시고……찾아내셔서……데려오시고……
축하해 주신 예수님을 자신들도 모르게 거들어 준 분들에게.

그렉, 배키, 밥, 체터 그룹, 다우닝 하우스, 제리, 마사 델, 메리 루, 랜디, 캐롤, 드니즈, 럭키, 제니, 완다, 팀, 앤, 앨버트, 스티브, 조지, 부르네, 프레드릭, 헨리, 일레인, 킴벌리, 앤디, 웬디, 단, 토드, 수전, 로건, 스코트, 앤, 리처드, 딕, 트래버, 다넬, 레슬리, 로버트, 아치, 책, 레이프, 찰스, 브라이언, 트리시아, 로마 린다.

들어가는 말

집을
떠나다

전 인류, 특별히 유대 민족을 향한 이 추적은 각 개인의 영혼에 대한 하나님의 의지의 광범위한 표현이다. _프랜시스 르 뷔페, 「하늘의 사냥개: 해석」[1]

처음부터 끝까지 성경은 이방인이며 나그네며 추방자같이 밖에 있는 자들을 찾아다니시는 하나님의 이야기다. 에덴동산 밖에 있던 아담과 하와에서부터 아브라함의 진영 밖 하갈을 거쳐 부자의 문간 밖에 있던 나사로에 이르기까지, 길모퉁이 매춘부로부터 집단거주지의 나환자와 도둑에 이르기까지, 오갈 데 없는 거지에서부터 귀신들린 자에 이르기까지, 성경은 하나님의 단호한 사랑으로 추적을 당하는, 그래서 변화되는 아웃사이더들로 가득하다.

전 인류를 향한 이 추적은 각 개인의 영혼에 대한 하나님의 의지의 광범위한 표현이다. 하지만 하나님께서 우리를 양의 우리 가운데로 안전하게 데려오셨다고 해서 추적이 끝나는 것은 아니다. 그분은 아무리 작고 하찮아 보일지라도 우리 안의 어떤 부분이 그분을 떠나 방황하지는 않는지 끊임없이 지켜보신다. 금지된 곳이기는 하지만 한결 푸르러 보이는 풀밭을 찾아, 아무리 위험하다 해도 한층 더 수량이 풍부해 보이는 물가를 찾아 양떼를 이탈하려는 생각 같은 것. 너무 멀리 혹은 너무 오랫동안은 아니라 해도 목자의 음성이 들리지 않을 정도로 멀리 혹은 오랫동안 떨어져서 배회하는 어떤 부분. 어느 날 밤, 배가 고파 무심코 풀밭에 코를 박고 옮겨 다니다 이미 길을 잃은 시점에서야 고개를 들어 주위를 둘러보는 어떤 부분. 혹은 같은 무리의 양떼에게 분노, 심지어는 배신감마저 느껴 한순간의 고집을 꺾지 못하고 자유를 찾아 뛰쳐나가는 어떤 부분. 우리 안에 이러한 것들이 있을 수 있다.

스스로를 안에 있는 자로 여기는 우리들조차 이따금씩은 밖에 있는 자 같은 느낌을 받는다. 어떤 이들은 늘 이런 식으로 느낀다. 직장과 각종 모임에서, 소속 교회에서 혹은 결혼 생활에서. 우리 각 개인, 혹은 적어도 우리 각 개인의 어느 한 부분은 밖에 서서 안쪽을 물끄러미 바라보는 느낌으로 산다. 서먹해진 십대 자녀, 유달리 자의식이 강한 형제나 자매, 버림받은 배우자, 아무도 기억해 주지 않아서 주일마다 멀뚱히 앉아 있다 돌아가는 옛 교인, 고개를 끄덕이며 온화하게 웃어 주기는 하지만 정작 말을 걸거나 악수를 청하는 사람 하나 없이 휠체어에 그냥 앉아 있는 남자, 염색한 머리에 불량스러워 보이는 문신을 하고 옛날 토인들처럼 얼굴에 피어싱을 몇 개씩이나 한 소년, 만성질환에 시달리는 사람, 실직자, 남편과 사별한 여인, 고아, 전기요금 내기도 힘겨운 편모 혹은 편부. 춥고 냉랭한 대로변을 피해 쓰레기 넘치는 뒷골목에 사는 노숙자나 정신적 폐인, 외롭고 우울한 사람, 몸 불편한 사람, 노인, 넝마를 걸친 하층민, 썩은 내 진동하는 빈민가의 셋방에 방치되어 암이나 에이즈로 죽어 가는 사람.

이 책은 하나님의 마음에 관한 책이다. 기필코 우리의 마음을 찾아내서서 두 팔에 안아 들고 집으로 데려오는 그분 마음의 극진함에 관한 책이다. 잃어버린 양의 관점에서 쓴 책. 그러므로 안전한 아흔아홉보다는 안전하지 않은 하나를 위한 책. 물론 그 잃어버린 부분은 여러분이나 나의 전부가 아니다. 하지만 결코 방치해 둘 수 없는 중요한 부분이다.

이 잃어버린 부분을 하나님께서 추적하신다니, 우리는 귀한 존재들이다.

그 추적이 그토록 가차 없고 끈질기다니, 우리는 진정으로 귀한 존재들이다.

***

정확한 이유를 대기는 어렵지만 나는 인생의 많은 부분을 아웃사이더의 심정으로 살았다.

붉은 머리도 그러한 심정의 한 원인이었다. ("야, 당근 대가리!" "내가 너처럼 머리가 붉으면 차라리 죽고 말거야.")

어느 해인가 불가사의하게 내 손등을 뒤덮었다가 다음 해에 역시 불가사의하게 사라져 버린 사마귀도 그랬다. ("어휴, 저 사마귀!" "도대체 두꺼비 가지고 무슨 짓을 한 거야?")

어릴 때 살던 옛 동네에서는 소속감이 있었다. 나는 모두가 알고 좋아하는 아이들 중 하나였다. 대부분의 아이들이 나보다 나이가 많았지만, 내 또래 친구가 하나 있어 힘이 되었다. 나보다 나이 많은 누이 역시 든든한 지원군이었다. 그리고 마침내 아이들의 무리에 편입됨으로써 그들 세계의 구성원이라는 내 지위는 확고해졌다.

옛 동네에서 내 지위는 명백했다. 나이 많은 아이들이 지배했지만 대단히 착한 아이들이었을 뿐 악동들은 결코 아니었다. 어쨌든 우리는 언젠가 사회 질서에 따라 그들의 자리를 물려받으리라는 사실을 알고 있었고 이로 인해 일종의 안정감을 누릴 수 있었다.

그리고 우리 가족은 이사를 갔다. 아버지가 심근경색으로 쓰러졌고, 어머니는 일을 해야 했다. 모든 것이 변했다. 당시 내 인생에서 변함없는 유일한 것은, 학교 끝나고 집에 가면 나의 개 스키퍼가 반가워서 펄쩍펄쩍 뛰리라는 사실뿐이었다. 하지만 나의 개는 차에 치였다. 개는 집 나간 지 사흘 만에 도로가에서 뻣뻣하게 죽은 시체로 발견되었다. 나는 그 개를 삽으로 떠서 집으로 옮겨 와 내 창턱 아래 묻어 주었다. 넓적한 돌로 눌러 무덤 자리를 표시하고 돌에는 크레용으로 이렇게 썼다. "주신 이도 여호와시요 거두신 이도 여호와시오니"(욥 1:21).

이 모든 혼란 가운데 나는 불현듯 중학생이 되어 있었다. 그때까지 산 내 인생에서 최악의 해였다. 기나긴 교실 복도의 낯선 얼굴들, 구두 밑바닥에 쇠창을 달고 이쑤시개를 질근거리며 다니는 아이들, 주머니에 길고 검은 빗을 꼽고 다니며 기름 발라 넘긴 머리를 빗는 무서운 아이들이 있었다. 그 아이들은 복도를 지날 때마다 상대방을 밀어 붙이며 저희들보다 낮은 서열을 끊임없이 각인시켰다. 나는 암호문을 풀듯 숫자를 완벽하게 돌려 맞춰야 열리는 사물함 때문에 수업에 늦게 들어가는 적이 많았지만, 어찌 된 일인지 다른 아이들은 전혀 늦는 법이 없는 것 같았다. 지금도 나는 가끔씩 그 사물함 자물쇠 앞에서 근심하는 꿈을 꾼다.

그리고 내 안경. ("야, 네 눈깔!")

옷은 어머니가 사 주셨다. 리바이스를 입는 다른 아이들 옆에 서면 상표도 없는 내 청바지는 썩 좋아 보이지 않았다. 색깔도 단조롭고, 구김 없는 화학섬유에다가 깃이 두툼하게 부푼 셔츠 역시 최고급 마드라스 면직 셔츠나 깃에 단추가 달린 옥스퍼드제 의류에는 비할 바가 못 되었다. 곱게 모셔 뒀다가 나들이 갈 때나 어떻게 한번 신어 보는, 너무 말끔해서 촌티가 줄줄 흐르는 검정구두 또한 배스위준같이 맵시 있는 신발들과 비교하면 뭔가 창피스러운 것이었다.

미식축구를 했다고 하면―당연히 쿼터백으로―독자들은 아마 내가 그로 인해 구성원으로서의 소속감을 다소나마 누렸으리라고 생각할 것이다. 하지만 나는 후보였다. 그나마 주전 선수들 외에 다른 선수들이 많지 않았기 때문에 후보라도 될 수 있었을 뿐이었다.

나는 마르고 작은 아이였다. 살 좀 찌라고 우유에다 영양제를 타 먹던 기억이 난다. 별 효과가 있는 것 같지는 않았다. 몸집을 키우느라 운동도 하고 먹기도 많이 먹었지만 만화책 광고란의 근육질 남자처럼은 결코 될 수가 없었다. 나는 체육 수업을 마치고 땀투성이가 되어도 씻지 않았다. 세면장에서 샤워하는 아이들 중에는 이미 면도를 하고 얼굴에 여드름 자국이 있고 어른처럼 목소리가 굵은 아이들이 있었다. 나는 모든 면에서 그 아이들과 달랐다.

S. E. 힌톤(Hinton)의 소설 「아웃사이더」(*The Outsiders*)는 상류층 사람들과 남미 이민자들의 갈등을 그린다.[2] 작가는 남미 이민자들에 대해 이렇게 쓴다. "그들은 사회 주변부에서 성장했다. 그들이 바라

는 것은 싸움이 아니었다. 그저 소속되고자 했을 뿐이었다." 우리 모두가 바라는 것 아닌가? 소속되는 것. 가급적이면 우리의 정체성을 규정해 주고 안정감을 심어 주는 곳에 말이다.

그 어설프고 불안한 청소년 시절을 지나는 동안 우리 모두는 어떤 식으로든 소속될 곳을 찾아다녔다. 축구부, 응원부, 밴드부, 농구부, 체스반, 학교신문 편집부, 학교연감 발행부……. 어디선가, 바깥만 아니라면 어디서든 우리는 함께 밥 먹고, 이야기하고, 방과 후에 함께 어울려 다닐 "내부" 구성원들을 찾아다닌다. 우리는 우리의 소속감을 확인할 수 있는 주말 파티를 찾아다닌다.

하지만 나의 아버지는 내가 주말 파티에 가는 것을 쉽사리 허락하지 않았다. 나는 다른 아이들처럼 머리를 기를 수 없었고, 웃옷을 바지 안에 단정히 집어넣지 않고서는 집 밖으로 나갈 수도 없었다. 아버지는 미식축구 코치였다. 텍사스 팀 코치였다. 확언하건대 당시 우리 집에서 비틀즈의 음악은 결단코 허용되지 않았다. 다른 아이들이 제 취향대로 레코드판을 사서 제 전축으로 음악을 듣는 동안, 나는 부모님이 고른 음악을 들었다. 글렌 밀러, 로렌스 웰크, 전쟁 통에 시작된 스윙 뮤직 같은 것들.

당시 포트워스는 신분을 대단히 중시하는 사회였다. 지역 신문에 "사교계"란을 따로 가지고 있었고, 상류 여성 자원봉사대와 정식 무도회도 있었다. 내부인과 외부인을 가르는 기준의 하나는 거주 지역이었다. 집에서 어떤 차를 모느냐도 마찬가지. 컨트리클럽의 회원인가, 집에 돈은 많은가 그리고 여기에 해당 지역의 문화 혹은 하위문화의 시각에서 중요하다고 판단되는 모든 것이 추가되었다. 이 총합이 곧 내부인이 되는 기준이었다.

오클라호마 시에 사는 내 딸아이 집에 묵고 있을 때였다. 이 책을 쓰던 어느 주말에 나는 포트워스로 내 누이와 조카들, 그리고 거기서 대학을 같이 다녔던 옛 친구를 만나러 떠났다. I-35번 도로를 타고 남쪽으로 내려가 도심지의 북쪽으로 진입하는데, 옛 기억들이 홍수처럼 몰려왔다. 아버지가 수소문해서 알아낸 연습경기와 시합에 나를 데리고 가던 기억. 내게 구운 땅콩이나 팝콘 혹은 아이스크림을 사 주던 기억. 도시 곳곳에서, 거기서 살았던 내 인생의 모든 창가에서 기억이 기억을 덮으며 밀려들었다.

이러한 기억에도 불구하고 포트워스에서 나는 그 동네 사람이 아니었다. 나는 신학교를 졸업하고 떠나서, 추수감사절이나 성탄절 혹은 이따금씩 있었던 결혼식이나 장례식 때를 제외하고는 결코 이곳에 다시 돌아온 적이 없었다. 그런데도 이상하게 나는 마치 중력에 이끌리듯이, 어떤 이유로 내가 살던 옛 동네로 돌아가곤 했다. 매번은 아니라 해도 대부분 그랬다.

먼저 우리 동네 길을 따라 차를 몰다가 그 가로등 모퉁이를 돌곤 했다. 그 모퉁이는 우리가 바람 선선한 여름날 저녁에 모여 야외극장 웨스터너 드라이브인의 영화를 보던 곳이었다. 그리고 우리가 농구를 하던 공터를 지나쳐, 동네 이발사네 집 앞 길거리를 따라 내려갔다. 그러면 닿는 곳이 캐슬베리 초등학교였다. 학교가 파했을 경우 나는 늘 차에서 내려 빈 교실 창문으로 안쪽을 들여다보곤 했다. 주철로 된 라디에이터는 한참 뜨거워지면 달그락거리는 소리를 냈었다. 가장자리 쪽으로 분필 가루를 잔뜩 뒤집어쓴 칠판, 그리고 완벽한 필기체 알파벳 글자들이 만국기마냥 천장을 가로질러 매달려 있었다. 오래된 나무 책상들, 그 위에 "사랑"이라는 말과 함께 새겨졌다가 결국 그 사랑이 시들어 가자 거칠게 지워졌던 이름들…….

기억의 길을 따라가는 그 여행은 그렇듯 즐거웠다. 적어도…….

적어도 어느 날 그처럼 여행을 하다가 내 눈에서 까닭 없는 눈물이 흘러내릴 때까지는…….

일 년 후 어느 날 밤 나는 혼자 그곳에 있었다. 옛 동네 경계선에 차를 세웠다. 내려서 걷기 시작하는데 눈물이 괴었다. 그 가로등 아래 보도에 앉아 조금 흐느꼈다. 잠시 앉아 있다가 조금 더 걸어 보았다. 동네 구획 끝부분까지 갔을 때 어둠이 막 밀려오기 시작했다. 그리고 거기서 일생에 한 번뿐인 울음인 듯 격하게 울었다.

***

이 책 9장에서 나의 이야기는 다시 이어지고, 무슨 이유로 내가 고향으로 다시 갔으며 무엇으로 인해 울었는지 밝혀질 것이다.

당분간은 다른 이야기들이 있다.

적용과 토론

1. 하나님께서는 우리를 양 우리 안으로 안전하게 데려오신 후에도 추적을 멈추지 않으신다. 여러분이 하나님을 삶에 받아들인 후에도 계속되는 그분의 추적을 여러분은 어떻게 알았는가? 여러분이 느끼기에 그분께서 찾고 계시는 여러분의 잃어버린 "부분"이 있는가?

2. 여러분은 얼마나 자주 아웃사이더 같은 느낌을 받는가? 여러분이 적어도 어떤 모임이나 환경에 속하지 못한다고 생각하거나 확신해 온 이유 같은 것이 있는가?

3. 다른 모든 사람, 모든 것이 불안하고 미더워 보이지 않을 때 여러분은 무엇 혹은 누구를 찾아 의지하며 안정과 지속성을 구했는가?

1
추적

나는 그분을 피해 달아났다, 무수한 밤과 낮이 지나도록.

나는 그분을 피해 달아났다, 수많은 세월의 회랑을 따라서.

나는 그분을 피해 달아났다, 내 마음의 미로를 따라서.

그리고 그분을 피해 눈물의 안개 속으로

끝없는 웃음소리 아래로 숨었다.

거칠 것 없는 희망의 가로수 길을 달리다가

그 강인한 발걸음에 걸려들어

바닥 모를 공포의 거대한 어둠 속으로 곤두박질쳤다.

발걸음은 그렇게 쫓아오고 또 쫓아왔다.

그러나 서두르는 법이 없었다.

보폭의 동요도 없었다.

냉정한 속도로, 긴박하나 당당하게

발걸음은 울렸다—그리고 그 발걸음 소리보다

더 빠르게 음성이 울려 퍼졌다—

"네가 나를 배신하므로 모든 것이 너를 배신하는구나."

_프랜시스 톰슨, '하늘의 사냥개'[1]

불가사의하게 시작된 일이었다.

1887년 2월, 가톨릭 문학잡지 「메리 잉글랜드」(*Merry England*)의 편집장 윌프리드 메이넬은 헝클어진 원고뭉치를 소포로 받았다. 귀퉁이가 나달나달 해어진 그 원고뭉치에 아무런 서명도 없이 다음과 같은 내용의 쪽지가 첨부되어 있었다. "귀하의 검토를 바라며 원고를 보내드립니다. 원고 상태가 지저분한 점에 대해서는 사과를 드립니다. 나라는 인간이 단정치 못해서 그런 것이 아니라 원고가 워낙 이상한 장소와 환경에서 씌어졌기 때문입니다."

호기심이 발동한 메이넬은 글쓴이의 서명이 없는 그 원고를 대충 훑어보았다. 누가 보냈는지 의아스러웠다. 발신인 주소는 런던 우체국 사서함으로 되어 있을 뿐이었다. 시들 중에 '마리아의 수난'이 있었다. '옛 이교주의와 새 이교주의', '꿈의 밀회' 등도 몇 편의 시 및 산문과 함께 섞여 있었다.

메이넬은「메리 잉글랜드」다음 호 출간 준비에 바빴으므로, 당분간 이 원고뭉치를 제쳐 두기로 하고 둘둘 말아서 자신의 책상 분류함에 넣어 두었다. 얼마 뒤, 다시 원고뭉치를 꺼내 읽어 본 그는 특별히 어느 한 편의 시에 감동을 받았다. 우체국에 원고 발송자의 신원을 문의했지만 도움이 될 만한 정보를 얻을 수 없었다. 이처럼 작품을 쓴 사람에 대해 아무것도 알아낼 수 없었지만, 잡지에 작품이 실리면 시인이 보고 연락을 취해 오리라는 희망으로 그는 결국 이 작품을 발표해 주기로 결정했다.

이 시가 잡지에 실린 직후, 곧 1888년의 어느 봄날 편집자에게 시인의 편지가 도착했다. 이번에는 발신인 주소가 한 약국으로 되어 있었다. 메이넬은 그 약국으로 찾아가서 이 불가사의한 시인에 대해 물었다. 약사의 말에 의하면 시인은 돈에 쪼들려 노숙을 하는 신세로 전락했는데, 어떻게든 연명을 하고 밀린 아편 외상값도 갚기 위해 성냥을 팔고 다닌다는 것이었다. 메이넬은 시인의 외상값을 갚아 주고, 자신의 사무실로 한번 찾아오라는 초청장을 써서 약사에게 맡겼다.

어느 날, 예고도 없이 삼십대쯤으로 보이는 남자가 피곤에 지친 모습으로 나타났다. 런던 길거리에서 노숙을 한 탓에 옷은 낡고 더러웠으며, 구두는 삭아서 터지고 갈라져 있었다. 여러 해에 걸친 중독의 여파로 몸 또한 많이 망가져 있었다.

남자는 자신이 프랜시스 톰슨이라고 했다. 메이넬이 남자에게 그간 살아온 이력을 물었고 남자는 서서히 이야기를 풀어냈다.

톰슨은 1859년 명망 있고 부유한 가톨릭 집안에서 태어났다. 업쇼 칼리지에서 교육을 받았는데, 이때 문학적 소양을 키웠다. 졸업 후에는 의학을 공부하고자 오웬스 칼리지로 갔다. 거의 아버지의 강요에 의한 것이었다. 그의 아버지는 의사였다. 하지만 의학은 따분했고, 그는 결국 중퇴하고 만다. 그 후 아버지와 빈번히 말다툼을 하다가 집을 나와 런던으로 떠났다. 런던에서는 여러 직업을 전전했지만 마음에 차는 일이 없었고, 결국 런던 길거리로 나앉게 되었다. 행색이 너무 초라해서 공공도서관 출입조차 거절당할 정도였다.

이때 이미 그는 중독자였다. 그는 「한 영국인 아편쟁이의 고백」(*Confessions of an English Opium-Eater*)을 읽고 난 직후부터 마약을 하기 시작했는데, 이 책은 어머니가 그의 열여덟 번째 생일 선물로 준 것이었다. 책의 저자는 몽환적인 경지를 창조력의 원천으로 삼고자 마약을 이용하는 사람이었다. 톰슨도 이를 모방하고자 했다. 마약은 아버지의 병원과 의과대학에서 쉽게 구할 수 있는 것이었고, 런던에 왔을 때는 별다른 어려움 없이 또 다른 공급처를 찾아낼 수 있었다.

메이넬에게 원고를 보내고 그중 한 편이 메이넬에 의해 발표되기까지의 어느 시점에 시인은 지독한 우울증에 빠졌고, 1887년 여름에 자살을 시도했으나 미수에 그쳤다. 자살 시도 직후 한 매춘부가 그를 보살펴 주었다. 여인은 자신의 월세방과 침대와 수입을 나누어 썼다. 그의 작품이 발표되고 그의 생활도 안정을 찾아 가는 듯하자, 여인은 어느 안개 자욱한 밤에 사라져서 두 번 다시 모습을 나타내지 않았다. 톰슨은 여인의 이름을 결단코 밝히지 않았으며, 자신의 시에서 여인을 그의 "구원자"로 묘사했다.

메이넬 가족은 톰슨을 각별히 보살폈다. 의사에게 보내 치료를 받게 하고 서섹스의 한 수도원에도 보냈다. 이 수도원에서 그는 일시적이나마 중독에서 벗어날 수 있었다. 그가 다시 시를 쓰기 시작하자, 메이넬은 그를 런던으로 다시 데려와서 사람들에게 소개시켰다. 그에게 친구와 조언자들이 생겼다. 그로서는 이때가 생산적인 시기였다. 애초에 그의 엄청난 천재적 자질을 알아본 사람은 메이넬뿐이었지만, 점차 작품이 읽히면서 찬사가 뒤따랐다. 그는 마약을 완전히 끊지 못했고 중독 습관은 종종 도졌다. 그러면 늘 또 다른 수도원으로 보내졌고, 언제나 그렇듯이 회복되어 돌아왔지만 오래가지는 못했다.

프랜시스 톰슨은 1889년부터 1896년까지 세 권의 시집을 썼다. 1901년에서 1904년 사이에는 250편의 평론과 기사를 썼다. 셸리(Percy Bysshe Shelley)에 대한 평문은 발표 즉시 찬사를 받았다. 그의 가장 유명한 작품 '하늘의 사냥개'(The Hound of Heaven)는 당시 한 비평가에 의해 "언어의 위용을 드러낸 극소수의 위대한 작품들 중 한

편"으로 인정받았으며, 또 다른 학자의 찬사에 의하면 그 시는 "영어로 쓰인 가장 위대한 작품은 아니라 해도 위대한 작품들 중 한 편"이었다.

이 자전적인 작품은 탕자의 비유를 시적으로 재구성한 것이 아니다(부록에 전문을 실었다). 탕자의 비유는 먼 나라에 가서 가산을 탕진하는 내용이지만, 이 시에서 추적당하는 자는 그 경우와는 관련이 없다. 오히려 하나님과 상관없이 의미 있는 삶을 추구하려 한 남자를 이야기하는 것으로 보아야 한다. 솔로몬이 전도서에서 하는 이야기가 그렇고, C. S. 루이스(Lewis)가 옥스퍼드에서 그러한 삶을 추구했으며, 우리 또한 과거에 더러 그랬고 지금도 여전히 다양한 방식으로 그와 같이 살아 보고자 한다.

시 속의 남자는 굴에서 튀어나온 토끼처럼 이곳저곳으로 뛰어다니며 숨었고, 하늘의 사냥개는 줄기차게 쫓아왔다. 결국에는 막다른 곳에 몰릴 때까지……. 하지만 거기서 추적자를 향해 얼굴을 돌리는 순간, 남자는 그 추적자의 참모습을 깨닫게 된다. 추적자는 사냥개가 아니었고 자신 역시 토끼가 아니었다. 쫓아온 이는 하나님, 곧 아버지였고 자신은 그분의 아들이었다. 마침내 그 아버지께서 아들에게 말씀하신다.

"내가 네게서 너의 모든 것을 취함은
너를 해롭게 하려 함이 아니요
다만 네가 그 모든 것을 내 품 안에서 찾게 하려 함이었다.

네가 어린아이 같은 생각으로 잃어버렸다 여긴
모든 것을 나는 내 집에 쌓아 두었노라.
일어나서, 내 손을 잡고, 가자!"
그 발걸음이 내 곁에서 멈춘다.
결국 나의 어둠은
사랑으로 내미신 그분의 손 그림자란 말인가?
"아, 어리석고, 눈멀고, 약한 자여,
내가 바로 네가 찾는 자이니라!
네가 나를 쫓아내므로 네게서 사랑을 쫓아냈느니라."

숨이 멎을 만큼 놀라운 반전이요 계시다.

안타깝게도 1907년 시인의 마약중독 증세는 다시 도졌다. 결국 결핵까지 겹쳐 건강이 악화된 그는 같은 해 11월 13일에 숨을 거두었다. 그의 나이 마흔여덟이었다.

***

인간 조건의 우주적 진리를 표현한 톰슨의 시는 "무수한 밤과 낮이 지나도록……수많은 세월의 회랑을 따라서" 독자들을 사로잡았다. 극작가 유진 오닐(Eugene O'Neill)이 그 시에 사로잡힌 독자들 가운데 한 사람이었다. 도로시 데이(Dorothy Day) 또한 그러했다.[2] 이 둘 사이에 얽힌 이야기가 데이비드 스코트(David Scott)의 '하늘의 사냥개, 하나님'(God, the Hound of Heaven)이라는 글에 나온다. 다음

몇 단락의 내용은 내가 데이비드 스코트의 글에서 발췌하여 요약한 것이다.

1917년 그리니치 빌리지의 어느 매서운 겨울밤이었다. 흔히 "소굴"이라는 이름으로 통하는 한 술집의 내실에 예술가, 지식인, 사회부적응자 등의 자유분방한 사람들이 빼곡히 들어차 있었다. 그들 가운데 이 나라의 정상급 극작가 유진 오닐과 좌파 기자 도로시 데이가 있었다. 도로시 데이는 유진 오닐과 대단히 가까운 사이였고 막역한 술친구였다. 이미 문 닫을 시간을 한참이나 넘긴 시각이었으므로 질펀한 술자리가 벌어지고 있었겠지만, 오닐은 전에 없이 우울해 보였다.

　나는 그분을 피해 달아났다, 무수한 밤과 낮이 지나도록.
　나는 그분을 피해 달아났다, 수많은 세월의 회랑을 따라서…….

그는 시를 암송했고, 그의 입에서 나온 구절들은 쓸쓸한 겨울 밤거리를 무수히 걸어서 발병이 난 영혼의 한숨소리처럼, 담배연기 자욱한 방 안으로 퍼져 나갔다.

　……나는 그분을 피해 달아났다, 내 마음의 미로를 따라서.
　그리고 그분을 피해 눈물의 안개 속으로……숨었다.

도로시 데이는 그전까지 오닐이 이 시에 대해 말하는 것을 들어 본

적이 없었다. 그녀는 그 시를 듣고 술이 깨었다. 모두가 술이 깨었다. 돌돌 말려 공중으로 올라간 담배연기가 호리한 망령들처럼 떠서 굽어보며 듣고 있었다. 오닐의 입에서 낭송되는 시의 말과 그의 입을 타고 나오는 가락은 강렬했다. 모두가 숨을 죽인 채 잠잠했다.

"소굴" 출입을 그만둔 직후, 데이와 오닐은 결별하고 이후 십여 년간 만나지 않는다.

유진 오닐은 약속을 지키지 않은 하나님에 대해, 죄와 수치에 대해, 죽음의 공포에 대해 썼다. 그는 퓰리처상을 네 차례 수상하고 노벨 문학상도 탔지만, 행복은 그를 비켜 갔다.

도로시 데이는 두 차례의 결혼과 두 차례의 임신과 두 차례의 낙태를 거친 끝에 한 동거남과의 사이에서 마침내 딸을 얻었다. 1927년 12월, 그녀는 하늘 사냥개의 가차 없는 추적에 항복하고 가톨릭교회로 들어갔다.

그녀는 가난한 삶을 살았다. 수입도 없었고 안전도 보장받지 못한 채 "소굴"에서 그리 멀지 않은 길거리의 노숙자들을 보살폈다.

그녀는 자비로운 하나님에 대해 썼다.

교회가 언젠가 그녀를 성인으로 선언하리라고 많은 이들이 믿고 있다.

도로시 데이는 낭송한 시로 자신의 귀를 열어 준 친구를 위해 기도를 멈추지 않았다. 그녀는 자서전 「유니언 광장에서 로마까지」(*From Union Square to Rome*)에 이렇게 썼다. "그 시는 영혼을 일깨워, 하나님이 바로 그 영혼의 운명임을 알게 하는 시들 가운데 한 편이다."

우리는 유진 오닐의 영혼이 깨우쳤는지 알 수 없다. 우리는 그가 1953년 보스턴에서 임종의 자리에 누워 있는 동안 도로시 데이가 함께 있었음을 안다. 그녀는 사제를 불러 그의 곁을 지키게 했다. 그녀는 밤을 새워 기도했다. 마침내 그가 움켜쥔 주먹을 풀고, 오랜 세월 동안 자신 앞에 내밀어져 있던 그 손을 잡게 해달라고 기도했다. 찬 바람 몰아치던 그 겨울 밤 그 술집에서 그 자신이 낭송하던 시 구절에 귀 기울이기를 바랐다.

"내가 네게서 너의 모든 것을 취함은
너를 해롭게 하려 함이 아니요
다만 네가 그 모든 것을 내 품 안에서 찾게 하려 함이었다.
네가 어린아이 같은 생각으로 잃어버렸다 여긴
모든 것을 나는 내 집에 쌓아 두었노라.
일어나서, 내 손을 잡고, 가자!"

***

시인, 극작가, 기자.
　제각각 하나님의 가차 없는 추적을 받았다.
　존 켈만(John Kelman)이 「명저 탐방」(*Among Famous Books*)이라는 자신의 책에서 톰슨의 천재성을 드러낸다. 그가 주목한 것은 시인이 행의 보조를 맞추는 방식이다. 이 방식이 추적에 대해 중요한 단서를 드러낸다.

시는 예외적인 리듬을 사용함으로써 시종일관 추적의 박진감을 유지한다. 전반적으로 운율은 불규칙적이고, 각 연은 대부분 길고 격한 행들을 통해 앞으로 치닫는 형식을 취한다. 이 격한 휘몰이는, 다소간의 변형이 있지만 근본적으로 동일한, 보다 짧은 행들로 이루어진 절에 의해 다섯 차례에 걸쳐 방해를 받는다.

> 그러나 서두르는 법이 없었다.
> 보폭의 동요도 없었다.
> 냉정한 속도로, 긴박하나 당당하게
> 발걸음은 울렸다 — 그리고 그 발걸음 소리보다
> 더 빠르게 음성이 울려 퍼졌다 —
> "네가 나를 배신하므로 모든 것이 너를 배신하는구나."

이러한 장치에 의해 모든 휴지부에서 사냥개의 발소리가 들린다. 스타카토식의 짧고 급격한 이 단속음으로 우리는 저벅저벅 영혼을 추적하는 자의 발소리를 듣는다. 시에 의성어 장치를 과감히 사용했는데, 이는 놀랍도록 효과적이어서 시 전체를 한결같은 추적의 구도로 묶어 버린다.

***

영원에 거주하는 자는 시간에 쫓기지 않는다. 그분의 추적은 급하지 않다. 그분의 보폭은 동요가 없다. 그분의 속도는 냉정하다. 그분의 걸음걸이는 우리와 다르다. 우리가 처음부터 그분을 멀찍이 떼어 놓든지, 날쌔게 달아나 안 보이는 덤불숲에 숨더라도 그분은 염려하지 않으신다. 그분의 눈은 날카롭다. 그분의 후각은 예리하다. 그분의 기운은 소진되지 않는다.

시가 긍정하는 것처럼 그분과 상관없이 삶의 궁극적인 의미는 없다. 모든 이의 삶이 그렇고, 특별히 우리의 삶 또한 그러하다. 그분과 상관없이 지속적인 만족은 없다. 세상의 자랑거리들을 아무리 많이 쌓아 두고 있다 한들, 영혼은 여전히 담배연기 자욱한 소굴의 내실에 앉아 술잔에 몸을 기울이고 있을 뿐이다. 애초에 술이 약속한 모든 것에게 배신당한 그 영혼이……

그분과 상관없이 어디서 우리가 사랑을 찾을 수 있을까?

기쁨을 찾을 수 있을까?

평화를?

그분의 발이 우리를 뒤쫓아 오고, 그분의 음성이 우리를 뒤쫓아 온다.

"네가 나를 배신하므로 모든 것이 너를 배신하는구나."[3]

적용과 토론

1. 여러분은 프랜시스 톰슨의 '하늘의 사냥개'를 어떻게 이해하는가? 여러분은 하나님께로부터 어떻게 달아났는가? 어떤 상황이나 환경에서 달아났고, 그래서 간 곳은 어디인가?

2. 하나님과 상관없이 의지할 곳을 찾다가 삶의 만족과 의미와 기쁨과 평화에 대한 그 희망이 어떻게 좌절되었는지 이야기해 보자.

3. 여러분은 반발심, 두려움, 패배감, 그릇된 야망 등으로 얼마나 자주 주먹을 쥐는가? 하나님께서 여러분을 추적해 오셔서 손을 내미셨을 때 여러분의 펼친 손에는 무엇이 있었는가?

2
추적자

예수님에 대해서는 내 쪽에서 선택할 여지가 거의 없었던 것 같습니다. 워낙 가차 없는 분이셨으니까요. 나는 그분을 옛 표현에도 있듯이 하늘의 사냥개로 경험하기보다는 하늘의 길고양이로 경험했습니다. 길고양이는 일단 문밖에 버티고 앉아서 계속 울어 대면 결국 내가 문을 열어 우유 사발을 내밀어 주리라고 믿는 것 같았습니다. 물론 그렇게 하는 순간 내게는 만족이 옵니다. 다음 단계는 분명하죠. 그 고양이가 이제 밤마다 내 침대에서 자고, 새벽이 되면 같이 놀자고 내 앞섶을 타고 올라오는 겁니다.

_앤 라모트[1]

내가 좋아하는 책 중에 글쓰기를 다룬 것으로 「글쓰기 수업」(*Bird by Bird*)이라는 책이 있다. 이 책의 저자 앤 라모트(Anne Lamott)가 또 다른 책, 용기 있고 솔직한 회고록 「마음 가는 대로 산다는 것」(*Traveling Mercies*)에서 자신의 회심을 자세히 이야기한다.[2] 이 책은 널리 읽혔고, 독자들도 잘 알고 있을 것이다. 하지만 내가 이 책에서 중요하게 여기는 부분을 독자들은 크게 주목하지 않고 넘겼을 수도 있다. 나는 독자들에게 이 부분을 좀 더 깊이 읽어 보라고 권하고 싶다.

이 부분을 읽지 않은 독자들을 위해 아래와 같이 요약한다.

1984년 봄, 라모트는 사랑하지 않는 한 남자의 아이를 임신했음을 알게 되었다. 그녀는 아이를 원치 않았고, 게다가 사랑하지 않은 남자의 아이였으니 두 번 생각할 필요조차 없었다. 친구가 그녀를 데려가서 낙태 시술을 받게 했다.

그 친구가 운전하는 차를 타고 다시 집으로 와서 몸조리를 하려는데, 말할 수 없는 슬픔이 밀려왔다. 그 어린 것이 눈에서 떠나지 않았다. 그녀는 의사가 쥐어 준 진통제로 그 존재를 잊고자 했다. 술과 함께 알약을 넘겼다. 밤새도록 술을 마시며 고통과 슬픔을 잊었다.

며칠 밤을 그렇게 자책의 의식을 치르며 보냈다. 일곱 번째 밤에 심각한 하혈이 있었다. 몇 시간이나 피를 쏟고서 하혈은 그쳤다. 지쳐 떨어진 그녀는 기어서 침대로 돌아갔다. 겁이 났고 외로웠으며 자신이 역겨웠다. 약해진 몸은 전등을 끄기조차 버거워 벌벌 떨렸다. 그녀는 어둠 속에 죽은 듯이 누워 있었다.

느껴지는 것이 있었다.

거의 침입자라고 할 만한 존재였다. 누군가 거기 있었다. 그녀는 확신했다. 침대 옆 전등을 켰다. 아무것도 없었다. 한순간에 취기를 걷어 낸 눈으로 방 곳곳을 살폈다. 여전히 아무것도 없었다. 결국 다시 불을 껐다. 무슨 소리라도 들리지 않을까 싶어 숨소리조차 억눌렀지만 아무것도 없었다. 그녀는 가만히 누워서 기다렸다.

다시 느껴지는 것이 있었다. 그 존재는 애초부터 돌아와 있었다. 방 안에 누군가 있었던 것이다. 그리고 이번에는 그 존재가 누구인지 알았다. 예수였다. 그분은 그녀의 침실 다락 한쪽 구석에 등을 구부리고 앉아 있는 것 같았다.

그 거룩한 순간에 그녀는 어떻게 반응했는가?

정신이 번쩍 들었다. 내 인생을 생각했다. 똑똑하고 유쾌하며 진보적인 내 친구들을 생각했다. 내가 기독교인이 된다고 하면 다들 나를 어떻게 생각할 것인지를 떠올려 보았다. 절대로 있어서는 안 되는 일, 있을 수 없는 일 같았다. 나는 벽 쪽으로 돌아누워 내뱉었다. "죽고 싶어."

예수는 대답하지 않았다. 그분은 그저 구석에 앉아 "인내와 사랑으로 나를 지켜보고 있었다"고 그녀는 말했다.

다음날 아침에 일어나서 숙취와 함께 간밤의 기억을 털어 내고자 했다. 처음에는 간단히 부정했다. 어쨌거나 자신이 실제로 본 것은 아니었고, 실제로 들은 것도 아니었다. 단순한 느낌이나 예감 정도였을 뿐이었다. 술기운 때문이었는지도 모를 일이었다. 아니면 심하게 하혈을 해서 그랬든가.

하지만 어디를 가든 그 느낌을 떨쳐 낼 수 없었다. 작은 고양이 한 마리가 내 뒤를 따라다닌다는 느낌이 있었다. 손을 내밀어 자신을 들어 올려 주기를 바라는 고양이, 문을 열어 자신을 안으로 들이기를 바라는 고양이. 하지만 나는 사태를 훤히 알고 있었다. 한번 고양이를 안으로 들여 우유 한 모금이라도 내밀기만 하면 그것으로 고양이는 영원히 눌러앉게 된다. 그러므로 나는 언제나 고양이보다 한 걸음 앞서 움직이고자 했다. 집으로 사용하는 내 보트를 들고 날 때면 늘 고양이를 뒤에 둔 채 있는 힘껏 문을 닫아 버렸다.

그 다음 주일날 그녀는 다시 빈민가의 한 흑인 교회로 갔다. 그즈음

들어 몇 차례 참석해 오던 터였지만, 대체로 찬송소리나 듣자는 의도였다. 하지만 이번에는 숙취가 너무 심해서 찬송을 하는 동안 서 있을 수가 없었다. 결국 노래가 끝날 때까지 앉아 있다가 설교까지 듣고 말았다. 설교는 어처구니없었다. 그리고 폐회 찬송……. 그녀의 말에 의하면 그 찬송은 "너무도 깊고 순수하고 소박해서 나는 도저히 달아날 수 없었다.……그들의 음성이 혹은 뭔가가 나를 놀란 아이 달래듯 가슴에 안고서 가만히 흔드는 것 같았다. 나는 그 느낌에 마음을 열었고, 그 느낌은 내 안으로 쏟아져 들어왔다."

그녀는 예배가 끝나기 전에 도망쳐 나와 울면서 달렸다. 그렇게 달아나는 동안에도 자신의 뒤를 쫓아오는 그 작은 고양이의 존재를 줄곧 느꼈다. 하지만 숙취가 심해서 제대로 뛰지 못하고 걸었다. 자신의 집으로 사용하는 보트로 와서 문 앞에 멈추어 섰다. 자괴감이 밀려들었다. 그녀는 무심코 투덜거리다가 한숨을 내쉬었다. "내가 졌습니다. 그래요. 들어오세요."

그것이 "나의 아름다운 회심의 순간이었다"고 그녀는 표현했다.

***

톰슨 시의 이미지를 또 한 사람의 체험을 교감하는 자리에 대입해 보자. 나는 우리가 그러한 이미지들을 사용함으로써 하나님에 대한 체험을 어떤 방식으로 이해하는지 보여주고자 한다. 톰슨의 이미지가 거칠다는 생각이 든다면 예레미야애가에서 예레미야가 사용하는 이미지를 보자(3:1-18).

여호와의 분노의 매로 말미암아
고난당한 자는 나로다.
나를 이끌어 어둠 안에서 걸어가게 하시고
빛 안에서 걸어가지 못하게 하셨으며
종일토록 손을 들어
자주자주 나를 치시는도다.

나의 살과 가죽을 쇠하게 하시며
나의 뼈들을 꺾으셨고
고통과 수고를 쌓아
나를 에우셨으며
나를 어둠 속에서 살게 하시기를
죽은 지 오랜 자 같게 하셨도다.

나를 둘러싸서 나가지 못하게 하시고
내 사슬을 무겁게 하셨으며
내가 부르짖어 도움을 구하나
내 기도를 물리치시며
다듬은 돌을 쌓아 내 길들을 막으사
내 길들을 굽게 하셨도다.

그는 내게 대하여 엎드려 기다리는 곰과

은밀한 곳에 있는 사자 같으사
나의 길들로 치우치게 하시며 내 몸을 찢으시며
나를 적막하게 하셨도다.
활을 당겨
나를 화살의 과녁으로 삼으심이여.

화살통의 화살들로
내 허리를 맞추셨도다.
나는 내 모든 백성에게 조롱거리
곧 종일토록 그들의 노랫거리가 되었도다.
나를 쓴 것들로 배불리시고
쑥으로 취하게 하셨으며

조약돌로 내 이들을 꺾으시고
재로 나를 덮으셨도다.
주께서 내 심령이 평강에서 멀리 떠나게 하시니
내가 복을 내어 버렸음이여.
스스로 이르기를 나의 힘과 여호와께 대한
내 소망이 끊어졌다 하였도다.

이러한 이미지들은 예레미야 자신이 겪은 일에 대한 감정을 적절히 표현하고 있다. 하지만 이 감정이 이미지들의 배후에 고스란히 실려 있다고 볼 수는 없다. 비교해 보면, 하나님께서 프랜시스 톰슨을 사냥개가 산토끼 몰듯 추적했다고 볼 수 없는 경우와 같다. 사냥개의 야만적인 추적은 결국 토끼의 잔인한 죽음으로 끝날 뿐이다.

　톰슨의 시에서 장막이 걷히고 추적자의 참모습이 드러나는 순간이 있다. 예레미야의 시도 마찬가지다. 바로 다음 절에서 시인은 생각을 바꿔 진실을 드러낸다(애 3:19-24).

내 고초와 재난
곧 쑥과 담즙을 기억하소서.
내 마음이 그것을 기억하고
내가 낙심이 되오나
이것을 내가 내 마음에 담아 두었더니
그것이 오히려 나의 소망이 되었사옴은

여호와의 인자와 긍휼이 무궁하시므로
우리가 진멸되지 아니함이니이다.
이것들이 아침마다 새로우니
주의 성실하심이 크시도소이다.
내 심령에 이르기를 여호와는 나의 기업이시니
그러므로 내가 그를 바라리라 하도다.

불과 여섯 절에 의거해 예레미야의 진술은 "여호와께 대한 내 소망이 끊어졌다"에서 "여호와는 나의 기업이시니"로 건너간다. 내 경험에 의하면 이 감정은 진실하다. 나는 기도하면서 조울증 환자처럼 극단에서 극단으로 옮겨 다닌 경우가 무수히 많다. 독자들도 시편을 자세히 읽어 보면 이와 같은 감정의 극단적인 진폭을, 심지어 한 편의 기도문 안에서조차 빈번히 발견해 낼 수 있을 것이다.

내가 톰슨의 시에 예레미야의 시를 끌어들인 목적은, 톰슨의 체험이 과연 진실한 것인지 살펴보고자 함이었다. 내게는 진실해 보인다. 또한 그의 체험은 나 자신의 체험과도 공명한다. 나도 사냥개에 쫓기듯 하나님께 쫓긴다고 느꼈던 때가 있다. 달아날 때면 내 핏줄을 타고 아드레날린이 흐르는 듯했다. 나도 가끔씩은 사냥감이 된 듯했다. 하지만 결국 그것은 사냥감을 쫓는 맹견의 추적이 아니라 사랑하는 자를 향한 연인의 추적이었음을 알게 되었다.

***

이제 라모트의 체험이 톰슨의 체험과 어떻게 다른지 살펴보자. 이는 두 사람이 각자 선택한 이미지에서 드러날 수 있을 것이다. 톰슨은 하늘의 사냥개를 상상하고, 라모트는 하늘의 길고양이를 그린다. 한 이미지는 강하고 두려우며, 다른 한 이미지는 부드럽고 사랑스럽다.

누가 옳은가?

둘 다 옳다. 그들은 각각 하나님을 체험하는 동안 느끼고 생각한 것을 적절히 표현해 줄 수 있는 이미지들을 선택했다. 톰슨의 거친 이미지가 어느 면에서 예레미야의 이미지와 유사하다면, 라모트의 부드러운 이미지는 예수께서 누가복음 15장에서 사용하신 이미지와 닮아 있다.

> 모든 세리와 죄인들이 말씀을 들으러 가까이 나아오니 바리새인과 서기관들이 수군거려 이르되 이 사람이 죄인을 영접하고 음식을 같이 먹는다 하더라. 예수께서 그들에게 비유로 이르시되 너희 중에 어떤 사람이 양 백 마리가 있는데 그중의 하나를 잃으면 아흔아홉 마리를 들에 두고 그 잃은 것을 찾아내기까지 찾아다니지 아니하겠느냐. 또 찾아낸즉 즐거워 어깨에 메고 집에 와서 그 벗과 이웃을 불러 모으고 말하되 나와 함께 즐기자 나의 잃은 양을 찾아내었노라 하리라. 내가 너희에게 이르노니 이와 같이 죄인 한 사람이 회개하면 하늘에서는 회개할 것 없는 의인 아흔아홉으로 말미암아 기뻐하는 것보다 더하리라(1-7절).

성경에서 "목자"라는 단어는 하나님 아버지(시 23편)와 그분의 아들(요 10:11-16)을 묘사하는 이미지로 빈번히 사용된다. 무리에서 혼자 이탈해 두려워 떨며 방황하는 양 한 마리를 결연히 뒤쫓는 하나님의 이미지. 유목민의 뿌리를 가진 문화에서 이보다 더 와 닿는 이미지를 찾기는 어려웠을 것이다.

추적하는 사냥개, 가르릉 대는 고양이, 덤불에 매복한 사자, 잃은 양을 찾아 나선 목자. 이처럼 하나님을 추적자로 묘사한 서로 다른 이미지들을 보니 내게도 생각나는 이미지가 있다. 마거릿 와이즈 브라운(Margaret Wise Brown)의 동화 「엄마, 난 달아날 거야」(*The runaway Bunny*).³ 이 책은 1942년 출간된 이래 절판된 적이 없다. 시작은 이렇다.

> 옛날에 어린 토끼 버니가 살았다. 버니는 늘 달아나고 싶었다.
> 그래서 엄마에게 말했다. "엄마, 난 달아날 거야."
> "네가 달아나면 엄마가 뒤쫓아 갈 거야.
> 너는 엄마의 어린 토끼니까."

한 페이지를 넘겨 보자. 버니가 엄마에게 자신을 뒤쫓아 오면 물고기가 되어서는 헤엄을 쳐서 달아나겠다고 말한다.

그 다음 페이지에서, 엄마는 버니가 강물 속 물고기가 되면 자신은 어부가 되어 버니를 잡을 것이라고 응수한다.

다시 한 페이지를 넘기면, 두 페이지에 펼쳐진 그림이 나온다. 강물을 따라가며 어린 토끼 버니를 잡고자 당근을 미끼로 낚시하는 엄마 그림이다.

독자들도 이 이야기의 진행을 알고 있다. 어린 토끼가 엄마에게서 달아나기 위해 무엇이 되려 하든, 엄마는 어린 토끼를 잡으려고 무엇이라도 되고자 한다. 어린 토끼가 높은 산의 바위가 되려 하면, 엄마는 등반가가 되려 한다. 어린 토끼가 비밀의 정원에서 자라는 꽃이 되려 하면, 엄마는 정원사가 되려 한다. 이야기는 끝까지 이런 식으로 진행되어, 어린 토끼가 마침내 지쳐 더 이상 생각해 낼 것이 없는 순간에 이른다.

"어휴, 그냥 집에서 엄마의 어린 토끼로 있는 것이 좋겠어요."
어린 토끼는 그렇게 했다.
"당근 좀 먹으렴." 엄마가 어린 토끼에게 말했다.

마지막 장면에서 그들은 땅 밑 토끼굴에 모여 당근을 먹는다. 이 이야기는, 자신이 얼마나 사랑받는지 깨닫지 못한 채 달아나는 자를 향한 하나님의 끝없는 추적이라는 복음의 정신에 필적한다. 그러므로 이 이야기는 우리를 더할 수 없이 사랑하시는 이를 피해 달아나는 인류의 이야기이기도 하다. 인류는 그렇게 달아나서 숨고자 한다. 무화과나무 잎과 덤불 뒤에, 머나먼 다시스 행 배 위에, 어두운 동굴에 숨고자 한다.

하나님께서 달아난 아담과 하와, 달아난 요나, 달아난 엘리야의 이야기를 동화 형태로 말씀하시면 어찌 될까?

"네가 동산에 숨으면 나는 그곳으로 걸어 들어가서 너를 찾아낼 것이다. 네가 지금 나뭇잎으로 네 부끄러움을 가렸다면 이제 내가 따뜻하고 부드러운 가죽 옷을 해 입힐 것이다. 네가 배 위로 달아나면 나는 폭풍우가 되어 그 배를 돌려놓을 것이다. 배가 돌아서지 않으면 흔들어 뒤집어서 너를 배 밖으로 떨어뜨릴 것이다. 그리고 네가 바다에 떨어지면, 나는 네가 빠져 죽지 않도록 물고기가 되어 너를 삼킬 것이다. 그리고 너를 육지에 뱉어 내어 함께 이야기할 것이다.

네가 달아나 동굴로 숨어들면, 나는 부드러운 바람이 되어 굴속으로 찾아갈 것이다. 네게 이르면, 지나가는 그 바람으로 네게 속삭일 것이다."

구약성경에서는 이따금씩 하나님 혹은 그분의 신적인 대리자가 또 다른 형태를 취한다. 인간을 가장한 나그네 셋이 역사의 향배를 바꾸는 계시를 들고 아브라함에게 온다. 초자연적 능력을 지닌 한 존재가 한밤중에 하나님의 백성과 같은 이름으로 통하는 자에게 달려들어 동틀 때까지 씨름한다. 축복을 받은 후에 야곱은 자신이 하나님과 싸웠음을 깨닫는다.

어떤 학자들은 이와 같은 사건들을 신의 현현(顯現)이라고 생각한다. 이는 성육신 이전의 그리스도 출현을 말하는데, 그리스도께서 일시적으로 인간의 형태를 취하여 누군가를 추적하고자 이 땅에 나타나셨다는 것이다.

역사상 가장 위대한 형태변화 사건—성육신—으로 하나님의 아들은 이제 영구적으로 인간의 육신을 취하여 추적을 이어 간다. 그 사건 및 결과를 프레드릭 뷰크너(Frederick Buechner)가 다음과 같이 설명한다.

한밤에 짐승들 틈에서 태어난 아기, 가축의 들큰한 입김과 뜨듯한 배설물. 그러므로 이와 같은 사건은 두 번 다시 없다. 하나님을 믿는 자들은 이제 어느 면에서 더 이상 그분에 대해 확신을 가질 수 없다. 마구간에 계신 그분의 모습을 보았으니, 이제 그들은 그분께서 미친 듯이 인간을 뒤쫓아 어느 곳에 나타나실지, 어떤 일마저 벌이실지, 얼마나 어이없는 모멸의 깊이까지 내려가실지 결코 확신할 수 없다. 하나님의 거룩하심과 놀라운 능력, 위엄이며 상서로움이라고는 도무지 찾아볼 수 없는 사건, 한 촌부의 아이의 탄생이라는 이 사건에 임했을진대, 제아무리 낮고 비천한 장소와 시간이라 한들 그 거룩하심이 어찌 임할 수 없겠는가. 그리고 이는 우리가 이제 결코 안전하지 않다는 뜻이다. 하나님을 피해 숨을 장소가 없다는 뜻이다. 인간의 마음을 두 동강 내서 재창조하시는 그분의 능력을 피해 안전하게 있을 곳이 없다는 뜻이다. 그토록 약해 보이시는 곳에서 그토록 강하시며, 그토록 기대할 수 없는 곳에 그토록 충만히 임하시는 분이시므로.[4]

그러면 이 모든 것이 우리에게는 무슨 뜻인가?

우리가 숨을 장소 역시 없다는 뜻이다.

이제 우리는 그분께서 잃어버린 우리의 일부분을 가차 없이 뒤쫓아 어느 곳에 나타나실지, 어떤 일마저 벌이실지, 얼마나 어이없는 모멸의 깊이까지 내려가실지 결코 확신할 수 없다는 뜻이다.

우리의 마음을 깨트려 재창조하시는 그분의 능력을 피해 안전하게 있을 곳이 이제는 없다. (시인 톰슨이 헤매고 다녔던—옮긴이) 런던의 어느 뒷골목도, 그리니치 빌리지의 어떤 술집 뒷방도 안전하지 않다. 마린 카운티의 어떤 하우스보트도, 옥스퍼드의 어떤 상아탑도 안전하지 않다.

아무리 어둡고 비천한 곳이라 해도 우리를 숨겨 줄 수 없다.

우리가 그토록 기대할 수 없는 곳, 바로 그러한 곳에 그분은 그토록 충만히 임하시므로.

적용과 토론

1. 프랜시스 톰슨은 하나님을 하늘에서 내려와 사냥개처럼 자신을 뒤쫓는 분으로 상상했다. 앤 라모트는 하나님을 자신을 쫓아오는 하늘의 길고양이로 보았다. 예레미야는 하나님을 매복한 사자로 체험했다. 예수께서는 하나님을 선한 목자로 말씀하셨다. 여러분은 하나님께서 왜 이처럼 다른 방식으로 나타나신다고 생각하는가? 여러분 자신을 추적하시는 하나님의 모습은 무엇인가?

2. 동화책 「엄마, 난 달아날 거야」에서 엄마 토끼는, 어린 토끼가 어디로 달아나든 쫓아갈 것이며 어떤 모습이 되어서든 어린 토끼를 찾아 집으로 데려오겠다고 말한다. 어떤 개인이나 무리를 뒤쫓으시며 아버지와 아들이 취하신 "모습"에는 어떠한 것들이 있을까? 이런 식으로 여러분을 추적해 온 사람이 있는가? 그렇다면, 그 사람의 추적 과정을 설명해 보자. 이러한 경험이 없을 경우, 누군가 여러분을 집으로 데려오기 위해 끈질기게 추적했다면 여러분의 삶이 어떻게 달라졌겠는지 이야기해 보자.

3. 프레드릭 뷰크너의 (성육신에 대한) 글을 다시 읽고, 묵상하며 생각해 보자. 놀랍게도 하나님께서 여러분이 전혀 예상치 않은 방식으로, 혹은 전혀 예상치 않은 시간이나 장소에 나타나셨을 때를 생각해 보자.

3
추적의 본질

모들린의 방에 혼자 있을 때, 일만 잠시 놓으면 그토록 피하고 싶어 했던 그분이 꾸준히, 한 치의 양보도 없이 다가오시는 것을 밤마다 느껴야 했던 내 처지를 상상해 보기 바란다. 내가 너무나도 두려워했던 그 일이 마침내 일어나고야 말았다. 1929년 여름 학기에 나는 드디어 항복했고, 하나님이 하나님이시라는 사실을 인정했으며, 무릎을 꿇고 기도했다. 아마도 그날 밤 온 영국을 통틀어 가장 맥빠진 회심이자 내키지 않는 회심이었을 것이다.
_C. S. 루이스, 「예기치 못한 기쁨」[1]

독자들은 아마도 이 인용문 혹은 이 글의 출처가 되는 책 「예기치 못한 기쁨」(*Surprised by Joy*)을 읽었을 것이다. 이 책은 C. S. 루이스의 인생 여정 전반에 걸친 하나님의 끈질긴 추적을 연대기적으로 기록한 것이다. 이 책을 읽지 않은 독자들로서는 아마 다음과 같은 사실이 좀 놀라울 것이다. 루이스가 위 인용문에서 언급한 자신의 회심은 기독교로의 회심이 아니라 유신론으로의 회심이라는 것 말이다. 그는 그 후로 2년이 지날 때까지는 그리스도께 돌아오지 않았다.

이번 장에서 나는 루이스의 유년기부터 성년기 전반에 걸쳐 하나님의 추적이 어떻게 진행되었는지 살펴보고자 한다. 루이스가 어디를 자신의 지적·신학적 도피처로 삼았으며, 하나님께서는 또한 어떻게 그 안전한 도피처로부터 그를 내모셨는지 자세히 살펴보자.

추적의 진행

클라이브 스테이플즈 루이스는 1898년 11월 29일 아일랜드 벨파스트에서 태어났다. 그의 엄지손가락은 관절이 하나뿐인 기형이었다. 이 선천적인 결함으로 그는 성장기에 활동적인 놀이에 참여할 수 없었다. 크리켓 같은 경우가 특히 그러했는데, 무엇보다 공을 제대로 던질 수 없었기 때문이었다. 다른 아이들이 밖에서 노는 동안 그는 집에 틀어박혀 있었다. 그의 집 안 벽은 무수한 책들로 빼곡히 들어차 있었다. 그 책들과 친숙해지는 동안 그는 온갖 종류의 이국적인 모험 세계에 빠져들었다. 그가 특별히 사랑하고 영향을 받은 것은 베아트릭스 포터(Beatrix Potter)의 작품들이었다.

루이스와 그의 형 워렌-"와니"-은 늘 함께 놀았으며, 그들이 지어낸 "복센"이라는 가공의 세계 이야기를 쓰고 삽화를 그렸다. "복센"은 세련된 옷을 입은 말하는 동물들이 사는 세계였다. 언젠가 그는 이 유년 시절을 회고하면서 말했다. "일고여덟 살 될 무렵 나는 거의 상상의 세계 속에서 살았다. 더 정확하게 말하면, 그 시절에 경험한 상상력의 체험이 지금 내게는 다른 어떠한 것보다 소중해 보인다."

루이스가 어린 시절 학교에 가지 않고 집에서 받은 자택교육은 어머니가 암으로 죽은 해에 끝났다. 같은 해에 그의 할아버지와 큰아버지 역시 죽었다. 그의 아버지가 통탄했듯이, 이제 세상에 남아 서로 의지할 사람은 두 형제, 루이스 자신과 그의 형뿐이었다.

1908년 가을. 루이스는 왓포드의 명문 윈야드 스쿨에 입학했다.

그의 형 워렌은 이미 이 학교의 학생이었다. 하지만 루이스는 이 학교에서 행복하지 않았고, 그의 아버지는 결국 그를 1년 반 만에 데려왔다.

1910년 9월. 루이스는 캠벨 칼리지의 기숙 학생으로 입학했지만 호흡기에 문제가 생겨 11월에 그만두었다.

1911년 1월. 소년은 영국 몰번으로 보내졌다. 이곳은 특히 상부 호흡기에 문제가 있는 사람들에게 휴양지로 인식된 지역이었다. 그는 예비학교인 셔버그 하우스에 입학했는데, 이 학교는 그의 형 워렌이 이미 학생으로 있던 몰번 칼리지 근처에 있었다. 루이스는 1913년 6월까지 이 학교에 다녔다. 그의 소설 사랑은 더욱 깊어졌다. 그는 「쿼바디스」(*Quo Vadis*), 「어둠과 여명」(*Darkness and Dawn*), 「검투사들」(*Gladiators*), 「벤허」(*Ben Hur*) 같은 역사물들을 특히 사랑했다.

어린 루이스가 믿음을 버린 것이 바로 이 시기였다. 셔버그 하우스의 사감의 영향이 컸다. 스스로를 무신론자로 선언한 열다섯 살 소년의 결심에는 이 사감의 역할이 결정적이었다. 어머니의 죽음 이후 겪은 불안감은 학교를 옮겨 다니는 과정에서 더욱 심해졌고, 또래 아이들과는 차원이 다른 문학적 상상력을 소유한, 운동 못 하는 아이로서의 외로움과 마주쳐야 했다.

1913년 여름. 루이스는 셔버그 하우스를 떠나 몰번 칼리지에 들어갔고, 이곳에서 다음 해 6월까지 공부했다.

1914년 9월. 루이스는 W. T. 커크패트릭(Kirkpatrick)의 개인지도를 받게 되어 2년 반 동안 그의 밑에서 공부했다. 북아일랜드에서 이

전에 교장으로 있었던 커크패트릭은 루이스의 아버지를 개인적으로 지도했으며, 아버지의 형 또한 훌륭히 준비시켜 왕립군사학교에 입학하도록 한 바 있었다. 성인이 된 이후로 늘 커크패트릭을 존경한 루이스는 그의 교수법을 모범으로 삼았다.

1916년 10월 12일. 루이스는 오랜 친구 아서 그리브즈(Arthur Greeves)에게 보내는 편지에서 믿음에 대한 자신의 입장을 이렇게 썼다.

아무래도 나는 종교를 믿지 않는 것 같다. 세상의 어떤 종교가 됐든 논리적 증거는 결단코 존재하지 않으며, 철학적 견지에서 보면 기독교는 가장 뛰어난 종교도 아니다. 모든 종교, 곧 모든 신화는……인간의 발명에 불과하다.……시대를 막론하고 교육받고 생각할 줄 아는 사람들은 (종교) 밖에 서 있었다.[2]

1918년 6월 3일. 루이스는 그리브즈에게 또다시 썼다.

나는 결코 신을 믿지 않는다. 하물며 '육신의 욕망'을 가졌다 하여 나를 벌하겠다는 신이야 말할 필요가 없다. 하지만 나는 내 안에 어떤 정신이, 다시 말해 우주의 정신과 꼭 닮은 어떤 작은 정신이 있음을 믿는다.

1922년. 루이스는 24세였고 이때 아일랜드가 분할되었다. 그의 고향

벨파스트에서 발생한 이 종파적 갈등으로 인해 아마도 루이스는 신자 통합을 추구하는 교회일치운동 종파의 기독교를 선택했을 것이라고 비평가들은 주장한다.

1925년에서 1954년. 루이스는 옥스퍼드 대학의 개인지도 교수 및 강사가 되었다. 이 시기에 그는 자신의 이념적 은신처로부터 서서히 내몰렸다. 하지만 그는 옥스퍼드에 있는 동안 각기 다른 네 강좌의 교수직을 잃었고, 결과적으로 1954년 경쟁관계에 있는 케임브리지 대학 모들린 칼리지의 중세 및 르네상스 문학 교수직을 맡게 되었다. 모들린에서는 1963년까지 재직했다.

1929년 12월 21일. 루이스는 존 번연(John Bunyan)의 「넘치는 은혜」(*Grace Abounding*)를 읽고 다음과 같이 썼다. "나는……여전히 점점 더 그 오래된 신앙에서 도저히 떨쳐 버릴 수 없을 것 같은 진리적 요소를 찾고 있다.……그 신앙에는 뭔가 있는 듯하다. 다만 그것이 무엇이란 말인가?" 이 회심 이전 시기에 그는 또 썼다. "나는 오랜 세월 끝에 결국 녹기 시작하는 눈사람 같다는 느낌이 들었다."

1929년 말에 루이스는 말했다.

마들린의 방에 혼자 있을 때, 일만 잠시 놓으면 그토록 피하고 싶어 했던 그분이 꾸준히, 한 치의 양보도 없이 다가오시는 것을 밤마다 느껴야 했던 내 처지를 상상해 보기 바란다. 내가 너무나도 두려워했던 그 일이 마침내 일어나고야 말았다. 1929년 여름학기에 나는 드디어 항복했고, 하나님이 하나님이시라는 사실을 인정했으며, 무릎을 꿇고 기도했다. 아마 그날 밤의 회심은 온 영국을 통틀어 가장 맥 빠진 회심이자 내키지 않는 회심이었을 것이다.[3]

1930년 1월 9일. 그리브즈에게 보내는 또 다른 편지에 그는 이렇게 썼다. "최근 들어 내 생각이 많이 바뀌기는 했지만, 결국 내가 그토록 많은 것을 무시하고 얻을 수 있는 것은 이른바 복음서의 '그리스도'뿐이지 않느냐는······생각을 지울 수 없다."

1930년 1월 30일. 루이스는 그리브즈에게 "모든 것을 하나님의 은혜로 돌린다"고 썼다.

1930년 3월 21일. 루이스는 A. K. 해밀턴 젠킨(Hamilton Jenkin)에게 자신의 신앙 체계는 "정확히 기독교는 아니지만 결국에는 기독교로 판명될 것"이라고 썼다. 그는 대학 예배에도 참석했다.

1931년 9월 19일. 루이스는 J. R. R. 톨킨(Tolkien) 및 휴고 다이슨(Hugo Dyson)과 새벽 네 시경까지 산책하며 신화와 기독교에 대해 이야기했다. 다이슨의 주장은 "기독교가 신자들에게 작용하는 바가 있다. 신자들은 평안을 얻고 죄에서 자유롭게 된다"는 것이었다고 루이스는 말했다.

1931년 9월 28일. 서른두 살의 루이스는 워렌의 사이드카를 타고 윕스네이드 동물원에 갔다. 나중에 그는 이렇게 언급했다. "출발했을 때에는 예수 그리스도가 하나님의 아들이라는 사실을 믿지 않았지만, 동물원에 도착했을 때에는 믿고 있었다."

1931년 10월 1일. 루이스는 그리브즈에게 썼다. "나는 방금 신에 대한 믿음으로부터 그리스도에 대한 믿음으로—기독교에 대한 결정적인 믿음으로—건너왔다."

***

그리스도를 향한 C. S. 루이스의 진로에 주로 영향을 끼친 것은 두 작가의 작품이었다. 첫 번째 작가는 19세기 소설가 조지 맥도널드(George MacDonald)였다. 루이스는 이 작가의 「판타스테스」(*Phantastes*)와 「릴리스」(*Lillith*)를 열아홉 살에 읽었다. 두 번째 작가는 G. K. 체스터턴(Chesterton)이었다. 루이스가 보기에 이 작가의 「영원한 인간」(*The Everlasting Man*)이 제공한 기독교적 역사관은 합리적이었다. 「예기치 못한 기쁨」에서 그는 말한다.

> 맥도널드를 읽을 때처럼 체스터턴을 읽을 때도 나는 내가 어느 방향으로 가고 있는지 알지 못했다. 무릇 건전한 무신론자로 남아 있고자 하는 젊은이는 자기의 독서생활에 매우 주의를 기울여야 하는 법이다. 이렇게 말해도 될지 모르겠지만, 하나님은 자신의 목적을 위해서라면 무슨 짓이든 마다하지 않으시는 분이다.[4]

이런 말을 해도 될지 모르겠지만, 하나님은 염치가 없어도 너무 없다.

루이스의 진로에 영향을 끼친 유명한 사람들이 세 명 더 있다. 그의 개인교사 W. T. 커크패트릭은 그에게 "상대방의 입장과 정의를 거침없이 파고듦으로써 객관적인 진실을 추구하는 엄밀한 질문의 형식, 곧 맹렬할 뿐 아니라 커크패트릭에게 와서 더더욱 과도해진 일종의 소크라테스 산파술"을 가르쳤다. 옥스퍼드의 가까운 친구들 중 하나였던 오웬 바필드는 루이스를 빈번한 토론에 끌어들임으로써 유신론을 인정하는 계기를 만들었다. 그리고 듬직한 가톨릭 신자 J. R. R 톨킨은 이미 알려진 대로 전환점이었다.

C. S. 루이스의 삶을 처음부터 살펴보고 있자니 분명한 느낌이 든다. 하나님께서는 애초부터 냄새를 맡고 계셨던 것이다. 그분의 추적 속도는 신중히 계산되어 있어서 전혀 서두를 필요가 없었던 듯하다. 사실, 서둘렀다면 오히려 일이 더뎌졌을 것이다. 안 그런가. 어린 소년이 깊숙한 은신처로 숨을 때마다 하나님께서는 거기서 소년이 경험할 것들을 준비해 두고 계셨으니, 한창 뻗어 나가는 소년의 상상력에 걸맞은 책들이, 인생행로에서 받아들여야 할 모험(또한 불행)이, 최종 목적지에 이르기까지 만나서 소년을 준비시켜 줄 사람들이 그와 같았다. C. S. 루이스는 장차 기독교 세계를 통틀어 가장 영향력 있는 작가, 교수들은 물론 아이들에게도 폭넓게 인정받는……세대를 이어 사랑받는 작가가 될 사람이었다.

그러니 하나님께서는 서두르지 않으셨다.

그분의 추적은 물론 끈질겼다.

하지만 동시에 그것은 인내와 기다림의 추적이기도 했다.

추적의 목적

회심 이후 루이스의 모든 것이 변했다. 다시 말해, 하나님의 추적을 제외한 모든 것이 변했다. 추적의 단호함은 전과 다름없었지만, 추적의 목적은 이제 바뀌었다. 첫 단계의 목적이 사로잡음이었다면, 두 번째 단계의 목적은 창조였다. 첫 단계는 그리스도께 가는 문제였고, 그 다음은 그리스도처럼 되는 문제였다. 그는 『순전한 기독교』(Mere Christianity)에서 이 '그리스도처럼 되기' 문제를 단호히 강조했다.

> 이것은 기독교의 전부입니다. 다른 것은 없습니다. 이 점에 대해 혼동하는 사람들이 많습니다. 우리는 교회에 다른 목적—교육, 건축, 선교, 예배—이 많다고 생각하기 쉽습니다.……교회는 오직 사람들을 그리스도께 이끌어 작은 그리스도로 만들기 위해 존재합니다. 이 일을 하지 않는다면 교회 건물도, 성직자도, 선교도, 설교도, 심지어 성경 자체도 시간 낭비에 불과합니다. 하나님이 인간이 되신 목적은 단 하나뿐입니다.[5]

성경적 이미지로 돌아가서 이야기하면, 추적의 첫 단계는 찾아서 구해 내는 것이고, 두 번째 단계는 찾아서 회복시키는 것이다. 목자는 우리의 은신처를 찾아내 거기 있는 우리를 집으로 데려온다. 그 다음에는 우리의 마음을 찾아내 우리를 회복시킨다. 흙 묻은 것을 씻기고, 달라붙은 가시를 빗질해 내고, 상처를 싸매고, 우리가 성숙에 이를 때까지 끊임없이 지키고 보살핀다.

다윗은 시편 139편에서 이런 목자의 추적을 이야기한다. 그의 노래는 하나님께서 과거에 다윗을 찾아냈음을 언급함으로써 시작되는데 이후로도 멈춤 없이 늘 찾아 달라는 탄원으로 끝난다(23-24절).

> 하나님이여, 나를 살피사 내 마음을 아시며
> 나를 시험하사 내 뜻을 아옵소서.
> 내게 무슨 악한 행위가 있나 보시고
> 나를 영원한 길로 인도하소서.

루이스가 지적하듯이, 이 두 번째 단계에서도 하나님의 추적은 첫 번째 단계와 마찬가지로 단호하다.

그렇기 때문에 주님은 사람들에게 그리스도인이 되기 전에 먼저 "대가를 계산하라"고 경고하신 것입니다. 그분은 말씀하십니다. "잘 듣거라. 일단 너희가 나를 받아들이기만 하면 너희를 온전하게 만들어 주겠다. 너희 자신을 내 손에 맡기는 순간, 내 목적은 오직 너희를 온전하게 만드는 그것뿐이다. 그 밖의 것도 안 되고 그 이하도 안 된다. 너희에게는 자유 의지가 있으니 원한다면 나를 밀어낼 수도 있다. 그러나 나를 밀어내지 않겠다면, 내가 이 일을 끝까지 해내리라는 점을 명심하거라. 너희가 세상에서 어떤 고통을 치러야 하든지, 죽은 후에 어떤 알 수 없는 정화의 과정을 거쳐야 하든지, 또 내가 어떤 대가를 치러야 하든지 간에, 너희가 말 그대로 온전해지기까지―내 아버지께서 나를 기뻐하신다고 하셨듯이 너희한테도 아무 망설임 없이 '내가 너희를 기뻐한다'고 말씀하실 수 있을 때까지―나는 결코 쉬지 않을 것이며 너희도 쉬게 내버려 두지 않을 것이다. 나는 이렇게 할 수 있고 이렇게 할 것이다. 그 이하의 것에는 결코 만족하지 않겠다."[6]

그리고 맥스 루케이도(Max Lucado)가 말했듯이,

하나님은 우리를 있는 그대로 사랑하신다. 그러나 그대로 두시지는 않는다. 하나님은 우리가 예수님처럼 되기 원하신다.

***

생각건대, 여러분도 차분히 앉아 뒤를 돌아보며 어떤 사람과 장소와 영향으로 인해 인생의 방향이 바뀌기 시작한 날짜나 시간을 적어 본다면, 아마 하나님의 추적에 내재한 일정한 경향을 발견할 것이다.

서두르는 법이 없었다.
보폭의 동요도 없었다.

그리고 이 추적과 관련하여, "냉정한 속도" 역시 읽어 낼 수 있을 것이다. 끊임없이 뒤쫓아 오되 명백한 목적의식이 있는 속도다. 나 또한 내 인생을 돌아보았을 때 이를 느꼈다. 하지만 나는 한 편집자가

내 인생에 대해서, 그리고 작가가 되기까지 내가 받은 결정적인 영향에 대해서 써 보지 않겠느냐고 물어 오기 전까지는 결코 차분히 앉아 시간을 내지 못했었다.

의도는 좋지만 납득하기 어려운 제안 같았다. 나는 그 편집자를 이해할 수 없었다. 내 인생이 뭐 그리 대단해서 출판사 사람이든 어디 사람이든 관심을 보인단 말인가. 나는 둘 중 하나에게 장애가 있는 쌍둥이에 대해 썼다. 예수에 대해 썼다. 야구선수에 대해 썼다. 그러나 나에 대해서는 쓰지 않았다.

나는 아버지가 돌아가셨을 때의 기억을 모아 작은 스크랩북을 만들었지만 누구도 관심을 보이지 않는 듯했다. 서점 서가에서 한 철을 묵은 이 책들은 반품되기 시작했고, 순식간에 절판되었다. 나는 "두 번 다시 이따위 짓은 안 하겠다"고 결심했다.

하지만 그 결심에도 불구하고 나는 한 달쯤 뒤 그 편집자에게 다시 전화해서 그녀의 제안을 수락했다. 누군가 관심을 보일 것이라는 데는 여전히 회의적이었다. 나는 그저, 내가 그동안 여행해 온 여정을 되돌아보면서 어떤 전망을 얻을 수 있을 것 같았다. 이 과정이 하나님께서 과연 어느 곳에서 나와 함께하셨는지 헤아려 보는 좋은 연습이 되리라고 느꼈다.

이 와중에 직관적 진실들이 하나 둘씩 모습을 드러냈고, 결국에는 「영혼의 창」(*Windows of the Soul*)이라는 책으로 결실을 맺었다. 그리고 실제로 하나님께서 내 여행길 어디에서 함께하셨는지 알게 되었다. 그분은 내 여정의 모든 발걸음마다 계셨다. 나는 프레드릭 뷰크너가 왜 우리의 삶 하나하나를 "거룩한 여정"이라고 불렀는지 비로소 이해했다.

다시 말해, 나는 하나님께서 나를 어떻게 준비시키셨는지 보았다. 그분은 내게 뛰어난 영어 선생님들을 보내 주셔서 문법과 구문에 문제가 없도록 하셨다. 그분은 내게 목소리 좋은 선생님들을 보내 주셔서 쉬는 시간이 끝난 뒤 나를 위해 책을 읽어 주게 하셨다. 이로 인해 나는 이야기와 모험이 넘치며 온갖 종류의 매력적인 등장인물들이 툭툭 튀어나오는 세계로 빠져들게 되었다. 그분은 때마침 글쓰기를 배우는 시기에, 때마침 종이 위에 푸른 잉크가 부드럽게 배어 나오는 만년필을 쥐던 시기에, 때마침 글쓰기에 빠져 아름다운 필기체로 쓰인 내 이름자가 어떻게 생겼는지 보려고 연습하던 시기에 나를 학교에 보내 주셨다.

더 나아가, 나는 하나님께서 나를 상상력을 키울 수 있는 마을에 두셨음도 알았다.……트리니티 강둑에서 누린 무한한 자유에서부터 리버 오크스 도서관의 그 따뜻한 침묵, 한밤중에 손전등을 켜고 읽던 만화책과 탐정소설들, 토요일 오전의 조조영화들, 진지를 구축해 놓고 싸우며 적군의 기관단총을 피해 수류탄을 던지려다 결국은 한 방 맞고 땅에 뒹굴어 장렬히 전사하는 전쟁놀이에 이르기까지…….

***

나의 유년은 영화 '리틀 야구왕'(The Sandlot)과 '스탠 바이 미'(Stand by Me)의 중간쯤에 있었다. 귀 뒤에 담배를 꽂고 주머니에 잭나이프를 넣어 다니는 불량배들이 없는 세계. 하지만 그렇다고 천성적으로 사람들이 조용하고 갈등조차 우호적인 설득으로 해결되는 메이베리의 세계는 아니었다. 고통과 수치와 분노가 있었고, 당시 나는 이러한 감정들을 안에다 꾹꾹 눌러 두고 있었다. 어느 날, 흔들어 딴 청량음료처럼 분출해 나올 때까지 말이다.

자라면서 내게 끔찍한 일이 있었던 것은 아니었다. 이 점을 나는 고맙게 생각한다. 하지만 나는 '스탠 바이 미'의 어린 작가 윌처럼 예민한 아이였다. 시체를 발견하고서 그 아이가 다른 아이들과 달리 어떻게 반응했는지 기억하는가? 그 아이처럼 나는 어떤 이유로 인해 남자아이들은 말할 것도 없고 내가 아는 여자아이들보다 사물을 깊이 느꼈다.

우리 형제들 셋은 한집에서 자랐지만, 우리 모두가 그렇듯이, 어떤 면에서는 각기 다른 세 가정에서 살았다. 하나가 아홉 살, 또 하나가 여섯 살, 나머지 하나가 세 살 때 아주 충격적인 혹은 대단히 중요한 일이 일어난다. 셋 모두 같은 일을 경험하지만 각각의 나이, 기질, 특정한 입장 등에 따라 그 동일한 사건을 달리 체험한다. 우리가 유년의 기억을 걸러 낼 때 마주하는 것은 결코 실재가 아니라 실재라고 알고 있는 것들이다. 여기에는 늘 복잡한 감정이 개입하여 어떤 식으로든 우리의 유년 체험을 때로는 너무 밝게, 때로는 너무 어둡게 착색하는데, 이는 거의 언제나 왜곡으로 이어진다.

나는 일레인 아론(Elaine Aron)의 「타인보다 더 민감한 사람」(*The Highly Sensitive Person*)을 읽고서야 나 자신의 근본적인 기질을 이해했다. 여기서 나는 나의 정체성을 깨달았고, 글쓰기의 재능이 무엇인지 알았다. 이제 나는 더 이상 말을 부리는 재주나 활발한 상상력으로 인해 한 작가가 탄생한다고 생각하지 않는다. 세상을 보는 독특한 관점 역시 작가를 만들어 내는 요인은 아니라고 본다. 나는 무엇인가를 느끼는 방식이야말로 작가의 근본 자질이라고 믿게 되었다. 사물이 깊이 다가오면 작가는 몸 안의 모든 세포가 그 사물을 향해 집중해야 한다는 긴박한 느낌을 받는다. 바로 이때 사람들은 이 느낌을 표현할 도구를 더듬어 찾는다. 펜이며 붓이며 자판 같은 것들 말이다.

예술이 여기서 나온다. 늘 그런 것은 아니지만 빈번히 그렇다.

***

아이들로서는 이해할 수 없는 이유들로 인해 우리는 급작스레 옛 동네를 떠나 이사하게 되었다. 우리는 불과 2킬로미터 떨어진 곳으로 이사했지만, 학군 자체가 완전히 달라서 전혀 다른 고장으로 갔다고 보는 편이 나았다. 어쨌든 이유는 알 수 없었지만 우리는 두 번 다시 옛 동네로 돌아오지 못했다. 걸어서 갈 수 있는 거리였음에도 말이다.

그리고 비교적 젊고 건강했던 아버지가 치명적인 심장마비로 인해 한 달간 생사의 경계선을 넘나들며 중환자실에 있었다. 어머니는 일을 나갔다. 고등학교에 다니던 누이 역시 일을 했다. 내 동생은 초등학생이었는데, 사실 나는 당시 좋은 형이 못 되었으므로 내 동생이 어떻게 견뎠는지 지금으로서는 알 길이 없다. 나의 유일한 말 상대는 나의 개 스키피였다. 적어도 그 개가 차도를 건너가려 했던 그

날까지는 그랬다.

 당시 너무도 많은 것들이 내 손에서 강탈되다시피 사라진 것 같았다. 나는 그 빈손을 농구공으로 채웠다. 저녁 먹고 초등학교 운동장에 가서 어두워질 때까지 농구공을 던지던 기억이 난다. 그곳까지 혼자 걸어가서 혼자 연습하고 혼자 집으로 돌아왔다. 아스팔트 도로에 맞고 튀어 오르는 공의 리듬이 평화로웠다. 그러면 덜 외로웠고 걱정도 덜 했다.

 어느새 나는 중학생이 되어 있었다. W. C. 스트리플링 중학교에는 귀에 담배를 꽂고 주머니에 잭나이프를 넣어 다니는 불량배들이 있었다.

 어찌 됐든 그 모든 것이 나를 작가로 만드는 데 일조했다. 방치되었다는 느낌으로 인해 내가 더욱 내향적인 인간이 된 것이 그랬고, 우리 가족이 옛 동네를 떠나 이사함으로써 그동안 견고해 보였던 내 발밑 지반의 상당 부분이 바뀌어 버렸다는 것이 또한 그랬다.

 이어서 사춘기의 맹습이 있었고, 그에 따라 안팎으로 여러 가지 변화가 잇따랐다. 그리고 폭풍 같은 성장의 시기가 찾아왔는데, 이는 늦었지만 고마운 것이었다. 중학교 1학년에서 2학년까지 큰 키에 나 자신이 놀랐다. 어느 여름날 즉석에서 마련된 미식축구 연습경기를 하던 중에 다른 선수들이 내 키를 보고 놀랐었다.

 그 해에 나는 아버지가 권했던 쿼터백에서 앤드로 자리를 옮겼고, 3학년 내내 이 위치에서 뛰다가, 범죄자들처럼 무시무시하게 생긴 아이들과 시합을 하던 중에 무릎을 다쳤다. 지금도 나는 그 여드

름투성이 아이의 얼굴을 기억한다. 그 아이는 고통으로 몸부림치는 나를 지나쳐 터치다운을 향해 옆줄로 달려갔었다.

나는 무릎 연골 제거 수술을 받은 후로는 농구만 했다. 그래서 좋았던 것 하나는 응원부 여자아이들이 내게 더욱 관심을 기울이기 시작했다는 점이었다. 내게 몸이 어떠냐고 물어 주고, 내 대답에 안됐다는 표정을 진지하게 지어 주며, 내 어깨를 두드리며 참고 견디라고 말해 주고, 미소를 보여준 것이었다. 나는 그 아이들 모두에게 홀딱 빠지고 말았다.

고등학교 때는 더 좋았다. 나는 내 미간에 수북이 덮인 털들을 없애는 방법을 찾아냈다. 탈취제와 남성용 향수를 구비했으며, 내 옷은 내가 직접 샀다. 여자들 앞에서는 여전히 수줍음을 탔지만 역시 대책이 없지는 않았다. 재미있는 여자아이들과 어울리기가 한결 쉬웠고, 사실 그런 아이들에게 더 마음이 끌렸다. 어쨌든 여자아이들 몇몇이 그랬다. 서너 명. 솔직히 말하면 둘. 둘은 정말 확실하다. 그중 한 아이하고는 데이트까지 했다.

고등학교 2학년 어느 날, 영 라이프(Young Life) 사역자 한 사람이 와서 말을 트고는 우리의 즉석 미식축구 시합에 끼게 되었다. 그는 그 후로 계속 나타났고 우리의 인생에 끼어들어 왔다. 나는 그해 여름 수련회에 참석했다. 그의 약속대로 내 인생 최고의 일주일이었다. 졸업 후 이어진 여름에 나는 그와 함께 대학 예비반 수련회에 갔다. "십자가 이야기"를 주고받은 뒤, 나는 그때까지 내가 알고 있던 내 삶을 그때까지 내가 알고 있던 예수께 드렸다. 별이 빛나는 콜로라도의 하늘을 바라보며 한 나무 옆에 앉아 있던 내 모습이 생각난다. 나는 그때 예수께서 나를 찾아 집으로 데려오기까지 겪으신 모든 것을 생각하며 감격스러워 했다. 그리고 그분께 감사드리며 말했다. "당신께서 어디에 나를 필요로 하실지 나는 알지 못하지만, 필요하시면 기꺼이 도와드리겠습니다." 아마 이런 정도의 내용이었을 것이다. 나는 그분께서 나의 이 제안을 그렇게 덥석 받아들이실 줄은 꿈에도 생각지 못했다.

초등학교 때는 해양학자가 되고 싶었다. 내가 대출해 온 도서관 책들에는 상어와 산호초 및 신비한 해저 세계의 그림들이 있었다. '바다 사냥'(Sea Hunt)이라는 영화를 본 것도 그런 꿈과 관련이 있었다.

고등학교 때 보이스카우트 대원들과 함께 캐나다에서 카누 탐험을 한 뒤에는, 산악구조대원이 되고 싶었다.

대학 때 내 전공은 라디오·TV·영화였고, 따라서 나는 영화를 만들고 싶었다. 금요일 밤의 드라이브인 영화관, 토요일 오전 리버 오크스 극장의 조조영화, 채널8의 심야영화 프로그램 같은 것들이 다 그런 꿈과 관련이 있었다.

내게 가장 큰 영향을 끼친 두 가지 예술 형식은 책과 영화였다. 어머니가 내게 많은 이야기책들을 읽어 주었고, 아버지 또한 여러 이야기들을 들려주었으며, 수업 시간에는 선생님들이 책을 읽어 주었다. 이러한 영향력은 대단히 지속적이었다. 도서관은 이미 붙은 이야기의 불에 부채질을 했을 뿐이었다. 동네 영화관 역시 마찬가지였다.

나는 졸업을 앞둔 3학년 봄학기에 내가 선택할 수 있는 대학을 구체적으로 좁혀 나갔다. 오스틴에 있는 텍사스 대학이 나의 첫 번째 선택이었고, 내 고향도시 포트워스에 있는 텍사스 기독대학이 그 다음이었다. 두 대학 모두 입학이 가능하다고 통보해 왔지만, 기숙사에 방이 남아 있는 대학은 텍사스 기독대학뿐이었다. 텍사스 대학은 기숙사 정원이 차서, 내가 등록할 경우 학교 밖에서 자취를 해야 했다.

어쨌든 나는 어느 비 오는 날 아침, 아버지 어머니와 함께 오스틴의 텍사스 대학으로 향했다. 우리 차는 빗길에 미끄러져 몇 바퀴 돌다가 가까스로 도로를 벗어나지 않고 멈추었다. 다행히 맞은편에서 오는 차들이 없었고 다른 무엇과 충돌하지도 않았다. 차가 서자 어머니는 이것을 나쁜 징조로 여겼다. 아마도 하나님께서 우리더러 그곳에 가지 말고 집으로 돌아가라고 말씀하시는 것 아니냐고 말했다. 우리는 집으로 돌아갔다.

여러 면에서 이 결정은 이제야 내 눈에 보이기 시작하는 전환점이었다.

결국 나는 텍사스 기독대학에, 그 학교가 내게 마련해 준 기숙사 방에 들어가게 되었다. 거기서 친구들을 만나기 시작했다. 그들이 내 인생에 끼친 중요한 영향을 나는 그 후 몇 십 년 동안 깨닫지 못했다. 나는 영 라이프 사역에 가담해 함께 일하면서 믿음의 기도를 배웠다.

맥키니 기념교회 역시 나의 성장에 도움이 되었다. 당시 그 교회는 목회자가 없었고, 대체로 달라스 신학교 교수들이 와서 설교했다. 달라스 신학교는 강해설교로 유명했다. 루터교 신자로 자란 아이의 입장에서는 삶을 바꿀 만한 것이었다. 나는 그 전까지 강해설교라는 것을 들어 본 적 없었다.

얼마 안 되어 우리 친구들 몇이 달라스 신학교의 "신자 채플"로 차를 몰기 시작했다. 그 학교 희랍어 학과장 S. 루이스 존슨의 설교를 듣기 위해서였다. 대학 생활 중간 무렵에 우리는 종종 수업을 빼먹고 달라스 신학교로 가서 강의를 들었고, 점차 하나 둘씩 수강 등록을 했다. 나도 마찬가지였다.

당시 나는 내 인생에서 하고 싶은 일이 무엇인지 확신하지 못했다. 물론 설문지를 통해 그와 같은 질문을 많이 받았지만, 내가 적을 두고 있던 대학에서와 마찬가지로 "대답 안 함"란에 표시함으로써 그 후로 적어도 1년간은 그 질문을 피해 갔다. 많은 학생들이 목회자나 선교사 혹은 그 외의 봉사자로 부름 받았다는 이야기를 했지만, 나는 그 어느 쪽에도 마음이 없었다. 나는 그냥 배우는 것이 좋았다. 내 친구들 몇이 졸업 후 영 라이프 사역자로 섬기려 하고 있었다. 지금 생각건대 한 가지 문제만 없었더라면 나도 아마 그쪽으로 갔을 것이다.

그 무렵, 전에 수술 받은 내 한쪽 무릎이 점점 나빠지고 있었다. 그래서 신학교 2년차 되던 해에 정형외과 의사에게 갔고, 그는 내게 운동을 중단해야 한다고 했다. 그때까지 내 인생의 커다란 기쁨이었으며 오랫동안 내 정체성의 근간이었던 운동을 그만두라는 것이었다. 나는 영 라이프의 사역자가 내게 한 방식 그대로 아이들을 농구나 핸드볼 시합에 불러들였고, 이는 "친분 쌓기"의 중요한 수단이었다. 나처럼 수줍음 많은 사람에게 이 방식은 그 아이들의 삶으로 들어가는 입장권과 얼마간의 신용을 담보해 주었다.

  딱딱하지 않은 지면에서 가벼운 달리기 정도는 가능하고 수영이나 자전거 타기도 괜찮지만 그 이상은 단정하기 어렵다고 의사는 말했다. 어쨌든 당신이 평생 사용해야 할 무릎 아니냐는 것이었다. 나는 차를 몰아 신학교로 돌아왔지만 너무 우울해서 오후 강의는 듣지 않았다. 친구의 죽음을 보고 돌아온 느낌이었다.

  내 인생의 한 부분이 끝났다. 나는 더 이상 영 라이프 사역을 할 수 없다고 확신했다. 잘못된 확신이었지만 확신이었다. 나에게 운동은 아이들과 나를 잇는 가교였는데, 그 다리가 이제 휩쓸려 나가고 없었다. 나 자신이 휩쓸려 나간 것 같았다.

  결국 나는 전문가의 판단을 받아들이고 다른 선택을 생각하기 시작했다. 대학 같은 데서 가르치는 것은 어떨까? 하지만 무엇을 가르친단 말인가? 영어? 문학? 확신이 서지 않았다. 나는 신학석사로 졸업한 뒤 이력서를 보내기 시작했고, 곧바로 쓸쓸한 현실에 봉착했다. 세속학문의 세계에서 신학교 4년의 경력이란 별 것이 아니었다. 제법 번듯한 모양새로 면접을 보려면 박사학위 하나는 있어야 한다고 다들 내게 말했다.

  3년을 더 투자해야 한다는 뜻이었다.

***

나는 날마다 포트워스에서 달라스까지 통학했다. 신학교 2년차 초기에 결혼했고, 3년차 초기에 아이를 낳았다. 당시 나는 거의 언제나 두 가지 일을 병행해야 했다. 영 라이프 사역자, 식당보조, 제너럴모터스 조립공, 주택수리 인부. 따라서 나는 지쳤다.

그처럼 여러 일자리를 전전하는 동안에도 주일이면 맥키니 기념교회에 가서 가르쳤다. 이 교회의 어떤 부부 세 쌍이 포트워스에서 조금 벗어난 자신들의 고향도시 알레도에서 교회를 개척해 보는 것이 어떠냐고 제안했다. 아내와 나는 그 부부들을 사랑했다. 우리는 그들의 제안을 받아들였다. 수당을 포함한 정규 급료를 받고 보니 그렇게 좋을 수가 없었다.

그 당시 내게는 해소하지 않으면 언젠가 후회할 것 같은 갈증이 있었다. 시험 삼아서라도 한번 써 봐야 한다고 느꼈고, 그래서 쓴 첫 책이 열 살짜리 남녀 쌍둥이에 대한 이야기였다. 남자아이에게는 가벼운 정신적·육체적 장애가 있었다. 그 소설을 끝마치고서 나는 늘 어디론가 달아나 비어 있었던 나의 일부를 찾은 것 같이 느꼈다. 주인공이 죽을 때 나는 울었다. 생각건대, 이것이 바로 내 인생에서 해야 할 일이라고 그 눈물은 말하고 있었던 것 같다.

글쓰기 경력이 없었던 나는 장사로 두어 해를 보내고서 가족을 데리고 텍사스 동부로 이사했다. 거기서 글을 쓰기 시작했다. 다른 일을 안 하고 최대한 버티며 글을 쓰다가 돈이 떨어지면 나가서 페인트칠이며 도배 일을 했다. 우리는 집을 팔고 이사했으며, 남은 돈으로 한 해를 더 버텼다. 나는 하나님께서 그때 혹은 그 전부터 거기 계셨다면 내가 겪고 있던 그 모든 일들 어디에 계신 것인지 이해해 보려 애쓰고 있었다. 당시 내 영혼의 양식은 동생이 가져다주는 것이 유일

했다. 그가 내게 건네준 척 스윈돌(Chuck Swindoll)의 설교테이프.

나는 결국 척 스윈돌의 교회에 전화하고 내 이력서를 보내게 되었다. 그들은 내게 교회 소속의 다른 부서(Insight for living)를 주선해 주었다. 나중에야 알게 된 일이지만, 여기서는 일할 곳을 얻고자 애태우던 작가만큼이나 일할 수 있는 작가를 찾고자 애태우고 있었다. 이곳에서 사역하는 몇 년 동안 나는 편집은 어떻게 하는지, 전문적인 일은 어떻게 하는지, 마감일자는 어떻게 지키는지를 배웠다. 이로 인해 내게는 안정감이 생겼고, 사실상 거의 무너졌던 자존감 또한 되찾았다.

남캘리포니아에서 보낸 몇 년은 개인적으로나 직업적으로나 내게 대단히 중요한 시기였고 우리 가족에게도 그러했다. 나는 할 수 있는 한 부지런히 영화 및 시나리오 강의를 찾아다니며 들었다. 내가 받은 글쓰기 교육은 그때 거기서 다 받았다.

누군가 앞에서 나를 강하게 이끌어 가는 듯한, 혹은 뒤에서 무섭게 쫓아오는 듯한 느낌이 들었다. 내게는 불확실하지만 하나님께는 전혀 불확실하지 않은 어떤 미래로 그분께서 나를 몰아가시는 듯했다. 그 과정에서 나는 중요한 진리들을 배우고, 필요한 기술들을 익혔으며, 내 삶을 강하게 자극하는 사람들을 만났다. 좋은 친구들이 생겼으며, 출판사와 작가를 이어 주는 에이전트를 만났다. 작가의 삶은 그렇게 시작되었다.

그곳의 삶은 좋았다.

나는 그 삶이 영원히 지속될 줄 알았다.

적용과 토론

1. 하나님께서 여러분을 그분의 창조 의도에 맞는 사람, 다른 이들과 더불어 그분의 사랑을 나누는 사람이 되도록 준비시키신 과정을 돌아보자. 하나님께서 여러분에게 경험해 보도록 특별히 원하신 것이 있다면 무엇일까? (예를 들어, 어떤 모험과 불행 및 그에 따른 교훈들, 여러분 삶의 결정적인 사건이나 교류, 여러분의 상상력을 자극하고 넓혀 준 영감이나 사상, 여러분의 일에 열정과 힘을 보태 준 책, 그림, 영화, 노래 등의 예술적 창조물.)

2. C. S. 루이스의 언급에 의하면, 궁극적으로 교회의 유일한 목적은 사람들을 예수께로 이끌어 그리스도처럼 되게 하는 것이며, 하나님께서는 오직 이 목적을 위해 사람이 되셨다. 하나님께서는 우리를 구해 내신 후에야 재창조하시고 회복시켜 주시는데, 우리는 어찌하여 그토록 빈번히, 그분을 믿는 순간 완벽히 다른 사람이 되어야 한다고 생각하는가? 교회에서 이러한 생각이 아직 변화되었다고 느끼지 못하는 사람들에게 소외감을 심어 주지는 않을까?

3. C. S. 루이스는 또한, 우리가 그리스도께 삶을 드릴 때 작정해야 할 것을 헤아려야 한다는 그분의 경고를 상기시켰다(예를 들어, 눅 14:28-33을 보라). 여러분의 마음 안쪽에 결코 내놓고 싶지 않은 어떤 부분, 하나님의 접근을 원치 않는 어떤 부분이 있는가? 그분께서도 아마 추적하고 싶어 하지 않으리라고 여러분이 믿어 온 어떤 것, 구출될 수 없고 구출되지 않을 것 같은 어떤 것이 있는가?

4. 여러분의 삶에서 장기간에 걸쳐 반복된 하나님의 추적의 일정한 경향을 조용히 생각해 보자. 서두르지 않고 냉정하며, 꾸준히 쫓아오되 목적이 분명한 어떤 모습이 보이는가?

4

우리 안의
잃어버린
부분

우리의 삶은 수많은 이야기들의 축적이다. 우리가 누구이며, 무엇을 믿고, 어디서 왔으며, 어떻게 투쟁하고, 얼마나 강한가에 대한 진실들의 이야기. 우리가 다른 이들의 생각을 버리고 우리 자신의 이야기를 껴안는 순간, 우리는 우리의 가치에 다가설 수 있다. 말하자면 우리는 있는 그대로의 모습으로 충분하다는 느낌, 우리는 사랑받고 소속될 만한 가치가 있다는 느낌에 집중하는 것이다. 스스로 설정한 자신의 모습에 어울리지 않는 어떤 부분들로부터 애써 고개를 돌린다면, 결국 우리는 우리의 이야기 밖에 서서 끊임없이 성취하고 완전해지고 남을 기쁘게 하고 스스로를 증명함으로써 우리의 가치를 구걸하는 수밖에 없다.

_브르네 브라운, '가치를 구걸함' [1]

브르네 브라운(Brené Brown)은 휴스턴 대학교 사회복지대학원 연구교수다. 그녀의 주요 연구 주제는 약함, 용기, 신뢰, 수치심 등이다. PBS, NPR, CNN에 소개된 그녀의 작업은 "진정성"이라는 개념으로 이어졌다. 위의 인용문 마지막 부분을 좀 더 자세히 이야기해 보자.

스스로 설정한 자신의 모습에 어울리지 않는 어떤 부분들로부터 애써 고개를 돌린다면, 결국 우리는 우리의 이야기 밖에 서서 끊임없이 성취하고 완전해지고 남을 기쁘게 하고 스스로를 증명함으로써 우리의 가치를 구걸하는 수밖에 없다.[2]

삶의 대부분을 나는 내 이야기 밖에 서서, 스스로 설정한 나의 모습과 어울리지 않는 나의 어떤 부분들로부터 눈을 돌렸다. 물론 내가 그렇게 하고 있는 줄은 전혀 의식하지 못했다. 나이를 먹은 지금 그것이 눈에 보인다. 나는 어떻게 거기, 바깥에 이르게 되었는가? 이것이 내 안의 어른이 물었던 질문들 중 하나였다.

여러 번의 상담과 상당량의 독서와 무수한 대화를 거친 후에야 나는 그것이 수치심과 밀접한 관련이 있음을 깨달았다. 브라운은 「불완전의 선물」(*The Gifts of Imperfection*)에서 수치심을 "우리는 결점이 있으며 따라서 사랑받고 소속될 가치가 없다고 믿는 대단히 고통스러운 느낌이나 경험"으로 규정한다.[3] 수치심은 "카메라의 줌 렌즈"와 같은 구실을 한다고 그녀는 말한다. "우리가 수치심을 느낄 때, 카메라의 줌 렌즈가 있는 대로 작동하고 결국 우리 눈에 보이는 것은 혼자서 싸우는 결점투성이 자아뿐이다."

화장대 거울에 얼굴을 대고 위에 달린 형광등을 켜 보라. 코 주변의 모공과 콧구멍 속의 털들을 보라. 눈가나 눈밑의 깊이 팬 주름들을 유심히 들여다보라. 수치심은 이 확대된 얼굴이 진짜 얼굴이라고, 모두가―특히 하나님이―이 얼굴만 유심히 쳐다본다고 믿는다.

수치심은 여러분을 고립시키고, 공동체로부터 몰아낼 수 있다. 수치심은 여러분이 사랑받고 소속되며 기쁨을 누릴 자격이 없다고 비난한다. 수치심은 여러분을 협박하기까지 한다. "모두가 네 정체를 알면, 이제 그들은 너를 사기꾼으로 볼 테고 너와는 상종하려 하지 않을 것이다"라고 말이다.

브라운의 냉정한 결론은 이렇다. "수치심은 우리에게 변화의 가능성이 있다는 우리 믿음의 근본을 좀먹어 들어간다." 바꿔 말하면 수치심은 치명적인 거짓말이다. 그것은, 받아들일 경우 우리 삶에 어떠한 변화도 일어나지 못하게 하는 속임수다. 안 그런가. 애초부터 변화의 가능성이 없는데 시도해 본들 무슨 소용이 있겠는가?

여러분이 그 거짓말을 믿는 사람이라면 어떻게 하는가? 숨는다. 하나님을 피해 숨고, 여러분 자신과 다른 이들을 피해 숨는다. 사람들 가운데 섞여 있을 때는 여러 가지 다른 방식으로 숨는다.

***

나는 이 책을 시작하고부터 잃은 양의 비유를 많이 생각하게 되었다. 여러분 역시 한번 생각해 볼 수 있도록 다시 싣는다.

모든 세리와 죄인들이 말씀을 들으러 가까이 나아오니 바리새인과 서기관들이 수군거려 이르되 이 사람이 죄인을 영접하고 음식을 같이 먹는다 하더라. 예수께서 그들에게 비유로 이르시되 너희 중에 어떤 사람이 양 백 마리가 있는데 그중의 하나를 잃으면 아흔아홉 마리를 들에 두고 그 잃은 것을 찾아내기까지 찾아다니지 아니하겠느냐. 또 찾아낸즉 즐거워 어깨에 메고 집에 와서 그 벗과 이웃을 불러 모으고 말하되 나와 함께 즐기자 나의 잃은 양을 찾아내었노라 하리라. 내가 너희에게 이르노니 이와 같이 죄인 한 사람이 회개하면 하늘에서는 회개할 것 없는 의인 아흔아홉으로 말미암아 기뻐하는 것보다 더하리라(눅 15:1-7).

우리 안의 잃어버린 부분 | **87**

목자가 왜 잃은 양 하나를 찾고자 안전하게 있는 아흔아홉을 떠나가는지 나는 이해하기 어려웠다.

이 문제를 여러분과 함께 생각해 보고자 한다. 우리가 장사를 하는데 재고에서 1퍼센트가 사라졌다면, 우리의 대차대조표는 얼마나 달라질까? 파손됐든 망가졌든 오래돼서 팔리지 않았든 절도를 당했든, 손실액은 여전히 1퍼센트다.

이 1퍼센트의 삭감으로 인해 최종적인 수지타산은 얼마나 크게 바뀌는가?

그렇다. 1퍼센트는 결코 제로가 아니므로 가치가 있다. 하지만 안전하게 있는 99퍼센트를 잘 관리하고, 어차피 복구할 수 없는 부분은 손실로 처리하는 것이 현명한 처사 아닐까? 우리 자산의 거의 전부라고 할 수 있는 쪽을 지키고 더 이상의 손실이 발생하지 않도록 막자. 그것이 싫다면 그 1퍼센트를 끝까지 쫓되 모든 것을 잃는 위험을 감수해야 한다. 무모한 시도 아닌가? 이미 우리 수중에 잘 있고 우리만 바라보는 대다수를 지키지 않는 것이 과연 옳은 행위일까?

사람과 관련해서 이 문제를 생각해 보자. 하나를 찾아 나서면 결국 지키는 이도 없고 보호물도 없는 들판에 아흔아홉을 방치해야 한다. 그 아흔아홉은 저희들끼리 가다가 헤매게 된다. 구덩이에 빠지거나 다리가 부러지거나 습격을 당할 수 있다. 포식자들이 내려와 이들을 사방으로 흩어 버릴 수 있다.

내 말이 틀렸다면 고쳐 주기 바란다. 하지만 이러한 가능성에도 하나를 찾아 나서는 이가 누구인가?

이해하기 어려운 점이 또 하나 있다. 그 잃은 양 하나를 찾고자 목자가 바치는 정성이다. 위의 비유를 보자. 예수의 말씀에 따르면 목자는 양을 찾을 때까지 헤매고 다닌다. 바꿔 말하면, 목자는 결단코 포기하지 않는다.

어둠이 그를 막을까? 타는 듯한 태양과 난데없는 폭풍우가? 들짐승이? 강도들이? 험난한 지형이?

이 중 어느 것도 그를 단념시키지 못한다.

왜 그런가?

자신에게서 떨어져 나간 그 어린양 하나……길을 잃고……혼자서……위험에 빠져……떨고 있는—아마도 늑대의 냄새를 맡았거나 들개의 울음소리를 들었을, 찬바람과 거센 비에 떨며 녹초가 되었을, 뱀에 물려 퉁퉁 부은 채로……골짜기로 굴러떨어졌을—그 어린양 하나를 위해 목자는 세상 끝까지, 그 너머까지 간다.

왜 그는 그토록 극단적인가?

그 양이 자기 양이기 때문이다. 그는 그 양의 주인이며, 그 양을 안다. 그것이 세상에 나올 때 그가 받아 냈다. 그 양이 자라는 모습을 줄곧 지켜보았다. 비틀거리며 걸음마를 시작하는 모습에, 다른 양들과 함께 껑충대며 풀밭을 뛰어다니는 모습에 그가 웃었다. 그가 이름을 지어 주고, 말을 걸고, 보살펴 주었다.

이 모든 것이 이유가 될 수 있다.

하지만 그 어떤 이유보다 그가 그 양을 사랑한다는 것이 앞선다.

얼마나 사랑하는가?

그 양을 위해 자신의 생명을 바칠 만큼 사랑한다. 예수께서 들려주시는 요한복음 10장의 이야기에 의하면 그렇다.

정말인가? 양 하나를 위해? 그 하나를 위해?

우리는 이를 처음부터 이해해야 한다. 우리가 하나님을 피해 달아나면 결과는 「엄마, 난 달아날 거야」의 이야기처럼 될 것이다. 그분은 우리를 찾아내 집으로 데려오실 것이다. 예수께서 들려주신 비유를 통해 이렇게 연상해 볼 수 있다. 양을 찾아낸 목자는 수건을 두르듯 자신의 목에 그 양을 둘러메고 한 손으로는 앞발을, 또 한 손으로는 뒷발을 움켜쥔 채 돌아온다. 그렇게 돌아오는 동안 목자는 어떻게 할까? 제멋대로 행동한 그 양을 야단칠까? 조심성이 없다고 훈계할까? 있는 대로 고함을 지를까? 이와 같은 질문에 적합한 답을 아래의 말씀에서 찾을 수 있는지 보자. 예수께서 목자와 양의 관계를 이처럼 밝히신다.

나는 선한 목자다. 선한 목자는 자기보다 양들을 먼저 생각해서, 필요하다면 자기를 희생하기까지 한다. 삯꾼은 참된 목자가 아니다. 삯꾼은 양들을 하찮게 여긴다. 이리가 오는 것을 보면 양들을 버리고 급히 달아난다. 그러면 양들은 이리에게 잡아먹히거나 뿔뿔이 흩어지고 만다. 삯꾼이 관심을 기울이는 것은 돈밖에 없다. 삯꾼은 양들을 소중히 여기지 않는다. 나는 선한 목자다. 나는 내 양들을 알고, 내 양들도 나를 안다. 아버지께서 나를 아시고, 내가 아버지를 아는 것과 같다. 나는 내 자신보다 양들을 먼저 생각해서, 필요하다면 목숨까지 내어준다(요 10:11-14, 「메시지」).

위의 말씀에 따르면, 목자는 선하다(그리스어 원문은 '아름답다'로 번역될 수도 있다). 목자는 자신의 양들을 잘 알고 양들 또한 목자를 잘 안다. 목자는 자신보다 양들의 안위를 앞세우며, 양들을 살리기 위해 자신의 생명을 바치기까지 한다. 자신이 구해 낸 어린양을 대하는 목자의 태도에 아직도 의문이 들거든 다시 누가복음 15장을 보자. "또 찾아낸즉 **즐거워 어깨에 메고**"(5절, 저자 강조). 우리가 알아야 할 모든 것이 이 구절에 있다. 이제 우리는 양과 대화하는 목자의 모습을 상상할 수 있다. 그의 입에서 나오는 말들, 어조, 웃음, 어쩌면 노래하는 모습까지.

두려워 떨던 양은 목자의 어깨 위에 있다. 자신의 네 다리를 움켜쥔 목자의 손을 느끼고 목자의 그 익숙한 음성을 듣는 양의 마음은 어떠할까?

집에 돌아와서 목자가 하는 행동을 보자. 그는 양을 우리 안에 혹은 양 무리 가운데 툭 던져 넣고 자기 일을 보러 가는가?

아니다. 그는 여전히 양을 둘러멘 채 동네 길을 두루 다니며 혹은 집집마다 문을 두드리며 소리친다. 그 다음에는? 모든 이웃을 자신의 집으로 초대한다. 하나도 남김없이. 왜 그런가? 축하하기 위해서다. 그러면 그 잔치 자리의 주인공은 누구인가? 되찾은 양이다. 그 양은 지금 하객들의 한가운데 있으며, 진정으로 기쁨의 대상이다. 장면을 상상해 보자. 모두가 그 양의 털을 쓰다듬는다. 양의 머리를 두 손으로 움켜쥐기도 하고, 목을 껴안기도 한다. 당연히 그 양이 굶주

렸을 것이므로 식탁에 있는 것을 먹인다.

아마도 그 양은 더러웠을 것이다. 털이 엉켰을 테고, 갖은 고생으로 피까지 흘렸을 것이다. 선한 목자는 이를 어떻게 했을까? 정성껏 씻겨 주고 빗질해 주고 아픈 곳을 싸매 주었으니, 어린양은 행복했을 것이다. 그날 밤만은 안에서 보내며 털을 말리고 몸을 따뜻하게 했을 것이다. 어린양은 어디서 잤을까? 목자가 자는 곳에서 잤을 것이다. 아마도 목자 옆에 바짝 붙어서 목자의 얼굴에 코를 들이대고 저도 모르게 잠들었을 것이다.

그리고 무엇보다 아름다운 모습이 있다. 목자의 이 모든 정성, 이 모든 온유, 이 모든 기쁨은 과연 누구를 위한 것인가? 누가복음 15:1을 다시 한 번 보자. "모든 세리와 죄인들이 말씀을 들으러 가까이 나아오니."

목자의 그 모습은 이유가 무엇이든 쫓겨난 자들을 위한 것이었다.

***

「성경 이미지 사전」(*Dictionary of Biblical Imagery*)은 당시 유대교 문화의 식사 관습을 이렇게 설명한다.

> 식사는 유대인들이 그네들 가족의, 그네들 공동체의, 그네들 민족의 내부 구성원과 외부인을 "구분하는" 자리가 되었다. 아무리 일상적인 식사라 해도 이방인과 나그네는 배제되었으며, 참석하기 위해서는 반드시 특별한 정결의식을 거쳐야 했다.[4]

예수와 함께 식사한 무리에게는 공통점이 하나 있었다. 그들은 모두 바깥에 있는 사람들이었다. 세리, 매춘부, 좀도둑, 통행세 징수원, 채무자, 무두장이, 혼혈, 부랑자, 외국인. 이들은 모두 스스로 의롭다 여기는 거룩한 무리들의 기피 대상이었다. 문지기들이 그들의 인생 내력을 검토하며, 어떻게 해서 "이 사람" 혹은 "이 여자"가 바깥으로 떨어져 나가는 신세가 되었는지 알아보고 있었다. "이봐, 이 사람은 그냥 먹을 것을 찾아 떠돌다 길을 잃는 신세가 되었어. 도덕적인 문제는 아니니까, 안으로 들여보내도 되겠어." 혹은 "잠깐, 이 여자 이야기는 의심스러운 데가 있어. 믿을 수가 없으니 쫓아 버려."

핵심은 이것이다. 예수께서는 그들이 어떻게 해서 그 바깥에 이르게 되었는지가 전혀 중요하지 않았다. 그들이 바깥에 있다는 사실, 나름의 사정이 있어서 길을 잃고, 나름의 사정이 있어서 혼자 떨어져 나오고, 나름의 사정이 있어서 두려워 떤다는 사실만으로 충분했다. 그들은 각자 공동체가 재단한 자신들의 처지에 대한 수치심을 안고 있었다. 그래서 같은 처지의 외부인들과 어울려 다님으로써 그 수치심을 덮었다.

이 점을 생각해 보자. 여러분이 잃어버린 자라면 어찌 되는가. 아흔아홉에서 떨어져 나온 그 하나라면 어찌 되는가. 다음 질문이 중요하다. 이 질문에 어떻게 답하느냐에 따라 여러분 자신의 가치에 대한 이해가 어떤 식으로든 결정 날 것이다. 다시 말해, 예수께서 과연 잃어버린 여러분의 삶을 손실로 처리하실까?

여러분이 얼마나 멀리까지 가야 예수께서 여러분을 아주 잃은 자로 여기실까? 글쎄…….

어느 문둥병자를 보고 그분께서 돌아서셨는가?
어느 매춘부에게 그분께서 돌을 던지셨는가?
어느 소경을 그분께서 무시하셨는가?
기억해 달라고 외치는 어느 강도를?
여러분이 얼마나 많은 귀신에 들려야 그분께서 여러분의 이름을 장부에서 삭제하실까?
하나? 일곱? 군대?
그분께서 여러분을 위해 어떻게 하셨는지 알고 있는가? 여러분을 뒤쫓아 와 찾아내셔서 집으로 데려오셨다.
여러분 안의 잃어버린 부분을 찾아내기 위해 그분께서 어떻게 하시는지 아는가? 전혀 다를 바 없다. 그분은 그 부분을 뒤쫓아 와 찾아내셔서 집으로 데려오신다. 거듭거듭, 밤이고 낮이고, 비가 오나 눈이 오나 찾아내실 때까지 돌아다니신다. 그 부분을 찾아내는 것이 그분의 기쁨이다.
크나큰 기쁨이다.
이러한 기쁨 밖에서 헤매고 다니는 "부분"을 가진 우리 모두에게 이는 기쁜 소식이다.
아니, 크나큰 소식이다!
우리 안의 그 부분이 어떤 이유로 그렇게 헤매고 다니는지는 상관이 없다. 욕망 때문이든, 분노 때문이든, 완강히 용서를 거부하는 태도 때문이든 상관없이 목자는 이미 그분 곁에 있는 우리 마음의 99퍼센트를 버려두고, 바깥에서 헤매는 1퍼센트를 찾아다니신다.

이처럼 찾아내시는 과정은 하룻밤 만에 끝날 수도 있고 평생을 갈 수도 있다. 하지만 추적 자체는 언제나 단호하며, 하나님께서는 우리 안의 그 부분을 찾아 집으로 데려오실 때까지 결단코 포기하지 않으실 것이다.

집에서 먼 곳에 수치심이 있다. 탕자가 집을 떠나 타국에 있듯이 아주 먼 곳에 있다. 아마도 우리 안에 수치심 가득한 우물가의 여인이 있다. 혹시라도 다른 여인들이 보고 질색을 할까 싶어 마을 밖으로 멀리 나가 물을 긷는 여인 말이다. 여인의 간절한 소원은 거기 바깥에서 누군가 자신을 찾아내어, 사랑해 주고, 집으로 데려가는 것이다.

아마도 우리 안에 인생을 무익하게 보내고 십자가에 매달린 강도가 있다. 그의 간절한 소원은 누군가 자신을 기억해 주는 것이다. 그리고 자신이 그동안 들은 말이 사실일진대, 자비를 얻어 안으로 들어가는 것이다.

아마도 우리 안에 간질을 앓는 소년이, 발작이 시작되면 모두가 멍하니 쳐다보는 소년이 있다. 모두가 더럽다며 비웃는 문둥병자가 우리 안에 아마도 있다. 이들의 간절한 소원은 사람들의 멍한 시선과 비웃음에서 벗어나, 자신들을 반겨 주는 집으로 가는 것이다. 그리고 감히 상상하기 어렵겠지만 그 집에 가서 축하를 받는 것이다.

아마도 우리 안에 중풍 들린 어떤 부분이, 귀신 들린 어떤 부분이 있다. 굴욕적인 어떤 부분이, 격리된 어떤 부분이 있다. 그리고 이러한 부분들은 우리의 나머지, 곧 건강하고 온전한 모든 부분과 재결합하기만을 간절히 바라고 있다.

우리는 모두 자신의 최선의 자아로부터 떨어져 나와 길을 잃고 바깥에서 헤맨 적이 더러 있다. 인간으로서 우리에게 가장 긴급한 필요는, 그 바깥에 이르게 된 이유가 무엇이든 우리는 거기서도 여전히 사랑받는 존재임을 아는 데 있다. 해마다 성탄절이 오면 우리는 저 옛적에 시작된 추적과 구원의 놀라운 사명으로 인해 이 사실을 상기한다. "오, 거룩한 밤"보다 이 진리를 힘차게 찬양하는 성탄 찬송은 없다. 특히 다음 구절이 그렇다.

오랫동안 죄악에 빠져
신음하던 세상,
주께서 오시니
모든 영혼들 저희의 귀함을 알았네.

여러분의 영혼이 얼마나 귀한지 느껴지는가?

허다한 하늘의 무리를 떠나 그 거룩한 밤에 지상으로 내려오신 선한 목자는 우리 각 사람에게 이렇게 말씀하셨다. "너는 사랑받고 있다. 너는 귀한 존재이니 내가 뒤쫓는다. 귀한 존재이니 구원받는다. 귀한 존재이니 내 어깨 위에 둘러메고 집으로 가는 내내 너로 인해 기뻐한다. 귀한 존재이니 하늘에서 모든 이웃의 축하를 받는다."

"내게는 네가 족하다."

"그러니 너 또한 족하기를 바라노라."

***

그렇지 못했다.

그래야 했지만 그렇지 못했다.

나는 세상에서 가장 거룩했던 그 밤의 감격을, 그것이 세상과 내게 의미하는 바를 헤아리지 못했다. 나는 내 자신이 귀한 존재임을 알아야 했다. 내 영혼 깊은 곳에서 나의 귀함을 느껴야 했다. 하지만 그렇게 하지 못했다. 돌아보건대 내 인생은, 브라운의 표현을 빌리면, 끊임없이 성취하고 완전해지고 남을 기쁘게 하고 스스로를 증명함으로써 내 가치를 구걸해 온 것 같다.

내가 이렇게 된 배경에는 나의 아버지가 있었다.

아버지는 캔자스 주 피츠버그의 평범한 노동자들이 사는 지역 출신이었다. 자신의 어머니 데오도시아가 죽었을 때 아버지는 네 살이었다. 자신의 기억에 의하면 그 어머니는 천사였다. 그 어머니가 돌아가셨을 때 이웃들이 끊임없이 들려준 이야기로 봐도 그렇고, 자신의 아버지가 들려준 회고담으로 봐도 그랬다. 자신의 아버지 벤은 이발사이자 침례교 평신도 설교자였는데, 아내 데오가 죽은 뒤로 술에 무너졌다. 어쩔 수 없이 집안 가정부를 아내로 맞았지만 이미 예전의 그가 아니었다.

집안의 막내였던 아버지는 거의 혼자서 컸다. 얼굴은 주근깨투성이였고 머리는 붉었다. 나처럼 아버지도 어려서는 오줌을 잘 가리지 못했고, 자기보다 나이 많은 동네 아이들에게 얻어터지고 다녔다. 코

우리 안의 잃어버린 부분 | **97**

피 따위를 흘리며 울고 들어올 때가 많았는데, 어느 날 자신의 아버지가 또다시 애들하고 싸우다 울고 들어오면 아버지한테 한 차례 더 두드려 맞을 줄 알라고 경고했다.

그때부터 나의 아버지가 울면서 집에 들어오는 일은 없었다. 아버지는 무수히 싸워 가며 그 이후의 세월을 통과했다. 어린 시절이 그러했고, 도박꾼 시절과 미식축구 코치 시절, 군대 시절이 그러했다. 하지만 아버지는 결코 싸움을 거는 사람이 아니었으며, 언제나 약자를 편들었다.

아버지는 마음이 여린 사람이었지만 한번 화가 나면 무서웠다. 저러다 아버지 목의 핏줄이 터져 버리면 어쩌나 싶은 생각이 들 정도였다. 물론 내가 아버지에게 엉덩이를 두드려 맞은 데는 다 이유가 있었지만, 그 엉덩이 체벌은 마지막 수단이라기보다는 으뜸가는, 유일한 수단인 것 같았다. 아버지는 대부분 회초리를 사용했고, 나는 그것이 무서웠다. 내가 내 아이들에게 그러했듯이, 아버지 역시 내게는 자신의 아버지로부터 받은 것보다 더 가벼운 체벌을 내렸을 것이라고 나는 확신한다. 아버지가 아무런 이유 없이 나를 체벌해서 수치심을 자극한 것은 아니었지만, 결국 내 수치심의 많은 부분은 우리 집 냉장고 틈새에 놓아 둔 그 회초리에서 비롯되었다.

어느 여름날 아버지는 뉴멕시코에서 유조차 운전수 일자리를 잡았다. 어머니와 우리 아이들은 한동안 조부모님 댁에서 살게 되었다. 일리노이 주 엠허스트의 한적하고 잘 정돈된 교외지구에 위치한 그 집은 거대해 보였고, 마당 역시 끝도 없이 넓은 것 같았다. 그때 아버지가 내게 어른들 말씀 잘 듣고 이제는 집안의 가장 노릇을 해야 한다며 써 보낸 편지를, 나는 지금도 몇 장 가지고 있다. 당시 아버지의 말씀을 전혀 이해하지 못했지만, 어쨌든 인형 같은 것은 이제 치워 버리고 똑바로 일어서서 두 주먹으로 눈물을 문질러 닦고 옷자락을 허리춤에 단단히 여며 넣고는 집안일을 더욱 많이 도와야 한다는 느낌 정도는 있었다. 그런 아이가 되는 것이 아버지의 요구임을 나는 느꼈다. 그리고 어떤 중요한 이유로 인해 나는 집안의 가장이 되는 것이 온 가족의 요구임을 느꼈다.

심장에 문제가 있던 아버지는 일을 마친 밤 시간에 많이 걸었는데, 나도 종종 아버지를 따라나섰다. 아버지는 이야기하는 것을 좋아했고 나는 아버지의 이야기를 재미있어 했으므로, 우리는 곧 걷기운동의 단짝이 되었다. 아버지는 대공황 시절에 살았던 자신의 옛 동네 이야기를 했다. 너나없이 서로 돌보고 누가 아프거나 죽으면 다들 돌아가며 돕던 동네였다고 했다. 동네 전체가 같은 날에 빨래를 했는데, 각 집에서는 장작불을 때서 큰 통에 비눗물을 끓여 댔으며, 자신의 어머니가 나무주걱으로 빨래를 휘젓고 비틀어 짜서 빨랫줄에 널었다는 이야기를 했다.

그때는 동네 사람들이 빨래비누를 직접 만들어 썼다고 했다. 자신의 어머니가 빨래와 다림질에서부터 식사와 밑반찬 장만에 집안 건사며 아이들 뒤치다꺼리에 이르기까지 허리가 휘도록 일했다고 아버지는 말했다. 아버지가 여러 차례 들려준 바에 따르면, 자신의 어머니는 결코 목소리를 높이거나 화를 낸 적이 없었다. 자신이 어머니에게 말

대꾸를 하면 어머니는 남편 벤이 집에 올 때까지 기다렸다. 저녁 식사 후에 아빠―아버지는 자신의 아버지를 이렇게 불렀다―는 가족 성경을 읽고서 옆으로 밀어 놓은 다음, 돋보기를 벗어 내리며 식탁 건너편의 아내에게로 눈길을 돌리고는 했다. "오늘은 무슨 일이 없었소?" 식탁에 앉은 아이들 중 하나가 장작을 쟁여 둔 헛간으로 끌려가는 일이 벌어지는 것은 그때부터였다.

우리 동네 가로등 길을 오래도록 걷는 동안 아버지는 내게 만성절 날 동네 아이들과 몰려다니며 못된 장난질을 치던 이야기도 해주었다. 남의 집 옥외변소를 쓰러뜨렸다는 이야기. 자루에 질척한 개똥을 담아서 남의 집 현관에 놓고 그 위에 불을 지른 다음 문을 두드리고 달아나 숨어서, 현관으로 나온 집주인이 불을 끄기 위해 개똥자루를 미친 듯이 밟아 대는 모양을 지켜보았다는 이야기. 또 집에서 민간요법으로 약을 만들어 썼으며, 그 약들이 늘 임시변통의 구실을 했었다는 이야기. 자신의 아버지가 동네에서 처음으로 라디오를 샀는데, 저녁이 되면 동네 사람들 누구나 와서 그린 랜턴이나 라이트아웃 같은 연속극을 들을 수 있도록 현관 앞에 내놓았다는 이야기를 했다.

아버지는 어린 시절의 여러 놀이에 대해서도 이야기했다. 얼마나 구체적이고 실감나는 이야기들이었는지 모른다. 그렇게 아버지의 이야기를 들으며 산책하다가 혹 우리 동네 어귀를 벗어나는 순간, 이제 아버지의 어릴 적 동네로 들어서고 있다는 착각이 들었다 해도 전혀 이상할 게 없었을 것이다.

그리고 미식축구 코치 시절의 이야기. 유혈이 낭자한 전투 장면은 없었지만 군대 시절의 이야기. 내게는 그 군대 이야기가 대단한 모험담 같아 보였으므로 몇 년 후 나는 베트남 파병부대에 자원입대 할 뻔했다. 하지만 아버지의 설득으로 군대 대신 대학에 들어갔다.

***

내 삶에서 아버지라는 존재가 차지하는 비중은 대단히 컸다. 가만 보니 나는 아버지와 가족을 기쁘게 하고, 그들을 위해 성취하며, 그들 모두가 자랑스러워 하는 사람이 되려고 애쓰고 있었다. 어쨌든 나는 "가이어 가문의 남자"였고, 아버지는 늘 그 말 끝에 "대단한 일"이라는 토를 달았다.

추구해야 할 뭔가가 있다는 것은 분명했지만, 당시 내게 그것이 구체적으로 무엇인지는 분명하지 않았다.

내 아버지는 삶의 많은 부분을 미식축구에 바쳤고, 따라서 나는 그것이 아버지에게 대단히 중요한 일임을 알고 있었다. 아버지는 은퇴한 뒤에도 여전히 텔레비전으로 축구를 봤다. 그때도 여전히 작전판에 표시를 하며 경기전략을 짰다. 그때도 여전히 예전에 데리고 있던 선수들이 아내와 아이들을 앞세우고 인사하러 왔다.

아버지의 권유로 나는 미식축구팀에 들어갔다. 회전볼을 던질 줄도 모르면서, 어쩌다 성공했다 해도 통계학적으로 거의 우연에 불과한 정도임에도, 쿼터백 포지션에 지원했다.

나는 어떤 생각이나 인용문, 할 말 따위를 늘 공책에 적어 다녔는데, 이 역시 아버지의 권고 때문이었다. 자신이 그랬던 것처럼 나도 언젠가 남 앞에서 연설할 기회가 생기면 그 공책의 도움을 받을 것이라고 했다.

그리고 전혀 흥미가 없었던 학생회 임원 선거에 입후보한 것도 아버지의 권유 때문이었다.

고등학교 상급반 시절의 그 여름날을 나는 기억한다. 그때 나는 농구부에 들어가서 다시 시작할 수 있게 해달라고 기도하고 있었다. 당시 나는 후보였고, 아버지가 자랑스러워 할 것이었으므로 농구부에서 다시 시작하고 싶었다.

내가 집에서 이처럼 고분고분한 아이였는데, 이 말은 안 했던가?

***

나와 어머니의 관계는 달랐다. 아버지처럼 어머니 역시 좋은 사람이었으며 품위 있고 친절했지만, 외향적이지는 않았다. 내게 들려준 이야기만 해도 자신이 어렸을 적에 직접 겪은 것은 거의 없었고, 동화나 소설같이 지어낸 것들이 대부분이었다. 나로서는 이해하기 어려웠지만, 어머니는 교회 모임 혹은 미식축구 코치의 아내로서 당당하게 모습을 드러내야 할 행사 등의 사회적 모임을 대단히 곤혹스러워했다. 어머니 안에 굉장한 수치심이 있는 것 같았다.

나는 아버지의 장례식 이후 어느 밤에야 어머니가 가진 수치심의 근원을 알게 되었다.

그날 어머니는 먼저 잠자리에 들었고, 어머니의 형제자매들이 식탁에 둘러앉아 이야기를 나누었다. 그중 한 분이 언급한 바에 따르면, 내 어머니는 어렸을 적에 몹시 힘들게 자랐으며 집안의 다른 형제자매들보다 심한 고통을 겪었다. 어머니의 아버지가 술과 도박에 빠져들 무렵, 어린 내 어머니는 가장 여리고 감수성이 예민한 나이였다. 어머니의 아버지는 도박으로 산더미 같은 빚을 졌다. 식구들은 사채업자들이 집을 차압하거나 아버지를 죽일 거라며, 아니면 집도 빼앗고 아버지마저 죽일 거라며 두려워했다. 집안의 모든 아이들이 일을 해서 아버지의 빚을 갚는 데 바쳤다. 어쨌든 가족은 살아남았고, 생활은 다시 안정을 찾았다. 자세하게는 모른다. 하지만 어렸을 적 어머니의 집이 적어도 한동안 숨 막히는 불안에 휩싸여 있었던 것은 분명하다. 그 불안이 어린 어머니에게 얼마나 충격적이었는지는 나로서 상상하기 어려운 것이다.

그 정도의 수치심으로 충분하지 않다면, 내 어머니가 왼손잡이였다는 사실을 말해 두자. 어머니는 어떤 종교단체에서 운영하는 학교에 들어갔는데, 여기서 왼손잡이는 악마에게서 나온 것으로 취급되었다. 선생님은 내 어린 어머니에게 오른손으로 글씨 쓰는 법을 가르치기 위해 어머니의 왼손을 등 뒤로 묶어 맸다. 그 어린아이가 같은 반 또래들에게 받았을 비웃음이 어떠했을까? 아이들은 더러 말할 수 없이 사악해지기도 한다.

내 아버지 역시 어떤 면에서는 밖으로만 도는 아웃사이더였지만, 결연한 의지로 싸워 가며 그 바깥동네를 벗어났다. 내 어머니는 여러 면에서 놀라운 여성이었지만, 어린 시절의 수치심 때문에 성장기의 상처를 거의 극복하지 못했다. 어머니는 감수성이 예민한 사람이었다. 예술적이었고, 언어감각이 뛰어났다. 말이 나왔으니 하는 이야기지만, 단어의 뜻을 물어봐야 했을 때 우리가 아버지에게 간 적은 없었다. 우리는 늘 어머니에게 갔다.

어머니는 스물다섯 해를 과부로 살다가 올해 돌아가셨다.

어머니와 아버지는 내게 생명을 주셨다. 두 분은 나를 사랑하고 보살폈으며 먹이고 보호해 주셨다. 이 자리에 이르기까지 가르쳤으며, 두 분이 겪었던 것보다 나은 세상으로 내보내셨다. 이 모든 것을 나는 언제나 감사하게 여길 것이다.

나는 영원히 두 분의 아들로서, 두 분의 유전자와 두 분의 이야기, 두 분의 어떤 모습과 두 분의 기쁨은 물론 상처까지도 얼마간 나누어 가지고 있을 것이다. 나의 아이들이 나의 일부를 영원히 나누어 갖듯이……..

적용과 토론

1. 이번 장 첫머리에 제시된 브르네 브라운의 이야기를 읽어 보자. 여러분이 애초에 설정했던 자신의 모습과 지금의 삶은 어떻게 다른가? 다른 사람들이 여러분에게 요구하거나 기대했던 삶과 지금의 삶은 어떻게 다른가? 여러분은 어떤 방식으로 자신의 가치를 인정받고 증명하고자 애썼는가?

2. 브르네 브라운은 "우리에게 변화의 가능성이 있다는 우리 믿음의 근본을 좀먹어 들어가는" 수치심을, "우리에게 결점이 있으며 따라서 사랑받고 소속될 가치가 없다고 믿는 대단히 고통스러운 느낌이나 경험"으로 규정한다. 남들이 알면 여러분을 거짓말쟁이로 여겨 기피할 것이므로 누구에게도 들키고 싶지 않은 모습이 여러분에게 있는가?

3. 유년기나 청소년 시절 혹은 청년기에 말할 수 없이 상처가 된 말을 남들에게 들은 적이 있는가? 있다면 무엇인가?

4. 하나님께서 여러분을 구해 내기 위해 들이시는 정성을 헤아려 보자. 그분께서 여러분을 사랑하시므로 아무것도 그분의 추적을 막을 수 없음을 생각해 보자. 여러분의 영혼이 귀함을 느끼는가? 그렇지 않다면, 무엇 때문에 여러분이 그분의 사랑을 경험하지 못하고 있다고 생각하는가?

5

바깥에 있는 자들을
향한 하나님의
열정

시간의 회랑을 따라 우리를 끝까지 추적하는 하늘의 사냥개로 하나님을 묘사한 프랜시스 톰슨의 사냥 이미지를 떠올리는 이들은, 아마 실제로 누가 사냥개이고 누가 사냥감인지, 우리가 하나님을 찾는 것인지 하나님이 우리를 찾는 것인지 묻고 싶을 것이다. 하지만 이러한 관점에서 답을 구하려는 시도는 신학적으로 무익하다. 우리는 다만, 우리 자신이 하나님을 찾아다니는 내내 하나님께서 우리를 집으로 데려가시고자 두 팔을 있는 대로 내뻗으신 채 단호한 사랑으로 우리에게 다가오고 계셨다는 사실을 알게 될 뿐이다. 하나님께서는 우리 모두가, 모든 피조물이, 진실로 피조 세계의 떨어져 나간 모든 생명이 애초의 목적지였던 온전함으로 다시 돌아오기를 간절히 바라신다. 그러므로 우리가 "하나님, 어디 계십니까?"라고 외쳐 부르는 동안, 오히려 하나님의 음성이 우리의 도피처를 타고 울려 퍼진다. "너는 어디 있느냐?" 에덴동산의 이야기가 진정으로 우리에게 상기시키는 것이 있으니, 먼저 부르신 이는 하나님이고 우리가 이 부름에 답한다는 사실이다. 우리를 향한 하나님의 그리움이 이에 상응하는 우리의 그리움을 불러일으킨다. 하나님께서 먼저 모습을 드러내시는 이 현상은 지극히 세미해서 알기 어려울 수 있다. 내적인 갈망 같은 것, 우연을 넘어선 말이나 사건과의 만남, 큰 폭풍우나 한 송이 꽃에서 초월적인 세계를 보는 것과 같다. 하지만 이러한 것들로도 충분히 우리의 가슴은 뛰고, 더 알고자 하는 욕구가 생긴다.

_하워드 메이시, 「내적인 삶의 율동」[1]

누구를 일러 바깥에 있는 자, 곧 아웃사이더라 하는가?

상황에 따라 다르다. 학교에서 컴퍼스 사용법을 배우던 기억이 나는가? 컴퍼스 한쪽 다리에 끼운 연필로 종이 위에 점을 찍고, 각도를 조절해서 반지름의 크기를 결정한다. 그리고 철심이 달린 나머지 다리를 중심점으로 정한 곳에 대고 연필을 한 바퀴 돌려 원을 그린다.

이 컴퍼스의 주인이 바뀌고, 따라서 중심점이 바뀌었을 때 역사적으로 문제가 생겼다. 예컨대, 교회는 지구가 우리 태양계의 중심이며 따라서 여타의 행성과 태양이 지구 주위를 돈다고 믿었다. 이와 똑같이 믿는 자는 안에 있는 자, 곧 인사이더였다. 그렇지 않은 자는 아웃사이더였다. 교회가 최고 권력을 쥐고 있을 당시 교회 바깥에 있다는 것은 결국 전혀 좋을 것이 없는 여러 일들을 겪어야 한다는 뜻이었다. 기피 대상이 되는 것은 물론, 누구와도 거래를 하거나 가까이 지낼 수 없었다. 추방을 당해서 두 번 다시 고향 땅과 사랑하는 이들의 얼굴을 볼 수 없었다. 성채 감옥에 갇히거나 교회 지하감옥에서 고문을 당하기도 했다. 죽을 수도 있었다. 그리고 그 당시에는 죽이더라도 결코 "그냥 죽이지" 않았다. 잔인하고 예외적인 방식을 사용함으로써 경고의 본보기로 삼았다.

성경적인 관점에서 이 아웃사이더를 말해 보자. 프랭크 스피나(Frank Spina)의 치밀한 연구서 「아웃사이더의 믿음」(*The Faith of the Outsider*)에 다음과 같이 유용한 정의가 있다.

"아웃사이더"는 하나님으로부터 세상의 회복과 화해를 위한 도구로 특별한 선택을 받지 못한 개인이나 집단이다. 그런데 놀랍게도 이 아웃사이더들이 이러한 도구로 명백히 제시될 뿐 아니라, 인사이더 곧 하나님께 선택된 자들보다 더 뛰어나다는 사실을 다양한 방식으로 보여주기도 한다. 때때로 이 아웃사이더들은 이스라엘 신에 대해 더 큰 믿음, 더 예민한 감수성, 더 깊은 이해를 보여준다. 그리고 어떤 경우에는 아웃사이더의 신분인데도 이스라엘 하나님의 계획을 증진하는 일을 하기도 한다. 아예 이 아웃사이더들이 인사이더가 되어 선택된 이스라엘 백성과 구분이 안 되는 경우까지 있다. 성경에 하나님의 주권과 은혜의 도구로서 이스라엘의 특권이 명백히 강조되어 있다는 점을 감안하건대, 이러한 아웃사이더들의 이야기들은 주목할 만한 것이며, 선택이라는 중요한 주제에 배경과 미세한 뜻의 차이와 질감을 부여한다는 점에서 특별한 가치가 있다. 더 중요한 것은, 이 이야기들이 실제로 하나님의 주권과 선택에 대한 강조를 확대한다는 점이다.[2]

성경 외적인 관점에서 말하면, 인사이더와 아웃사이더의 구분은 경계선을 긋는 자가 누구인가 하는 것에 달려 있다. 중심점의 위치가 문제이고, 반지름이 원의 내부 면적을 결정한다. 내 생각으로, 중심점은 하나님의 사랑이어야 한다. 그분의 본질이자 그분을 정의하는 출발점이 되는 그 사랑이 중심이 되어야 한다.

궁극적인 원은 그분께서 그리시는 원이다. 그 안에는 누가 들어갈 수 있는가? 요한복음 3:16에 따르면 "세상" 곧 모든 사람이 될 것이다. 그럼에도 우리 중 많은 이들이—그레고리 보이드(Gregory Boyd)의 『종교의 참회』(Repenting of Religion)에 나오는 표현을 사용하면—"경계선에 강박이 들려 있다." 우리는 우리 교회 문으로 들어오는 사람들에 대해 문지기 노릇 하는 것을 의무처럼 여기고 있다. 곡식과 가라지의 비유를 보면, 예수께서는 그러한 것에 괘념치 않으시는 듯하다. 그냥 함께 자라도록 내버려 두라고 말씀하셨다. 추수하시는 하나님께서 때가 이르면 그 둘을 가르신다는 것이다(마 13:30).

우리와 이러저러하게 다를 수 있는 아웃사이더를 어떻게 보아야 하는지의 문제와 관련하여 내가 특별히 좋아하는 시가 있다. 에드윈 마컴(Edwin Markham)의 '더 지혜로운'(Outwitted)이다.

> 그는 동그라미를 그어 나를 밖으로 몰아냈다—
> 이단자, 반역자, 경멸스러운 자라고.
> 그러나 사랑과 내게는 더 지혜로운 생각이 있었으니
> 그마저 감싸는 더 큰 동그라미를 그렸다.[3]

공동체 바깥이란 언제나 고립과 소외의 장소였다. 동물의 세계를 예로 들어 보자. 어미 말은 고집 센 망아지를 어쩔 수 없이 집단 밖에 두기도 할 것이다. 바깥이 어떤 곳인지 겪어 보라는 것이다. 그것은 다른 망아지들에게도 교훈이 된다. 집단 바깥에 혼자 떨어진 말은 취약하다. 빠른 두 다리로 달아날 수 있고 발굽으로 발길질을 해댈 수 있지만 그뿐이다. 늑대 무리가 뒤쫓기 시작하면 살아남을 가망이 없다.

집단 안에서는 수적 우위로 인해 안전하다. 바깥에서는 혼자 헤쳐 나가야 한다.

***

최초의 인사이더였던 아담과 하와는 또한 최초의 아웃사이더였다.

여자가 그 나무를 보니 먹음직스럽게 보였고, 그 열매를 먹으면 모든 것을 알게 될 것 같았다! 여자가 그 열매를 따서 먹고 자기 남편에게도 주니, 그도 먹었다. 그러자 두 사람은 곧바로 "실상을 보게 되었다." 자신들이 벌거벗은 것을 알게 된 것이다! 그들은 무화과나무 잎을 엮어서 임시로 몸을 가렸다.

저녁 산들바람 속에 하나님께서 동산을 거니시는 소리가 들리자, 남자와 그의 아내는 하나님을 피해 동산 나무 사이에 숨었다. 하나님께서 남자를 부르며 물으셨다. "네가 어디 있느냐?"(창 3:6-9, 「메시지」)

수치심으로 아담과 하와는 서로 숨고자 무화과나무 잎으로 몸을 가렸다. 수치심으로 그들은 하나님을 피해 덤불숲으로 숨었다. 그로부터 우리는 지금까지 숨고 있다. 사실, 인류의 역사는 개인으로나 집단으로나 숨어 온 역사였다. 반면, 하나님의 역사는 찾아내는 역사였다. 새벽의 동산을 샅샅이 뒤지시고, 한낮의 태양 아래 우물가에 서 계시며, 엠마오 길을 넘어가시고, 다메섹 도상에서 꾸짖으셨다.

하나님의 역사는 추적의 연대기다. 숨어 있는 자들, 이유가 무엇이든 밖에 있는 우리를 끊임없이 뒤쫓는 추적이다.

이혼한 이들. 장애가 있는 이들. 실업자들. 파산당한 이들. 졸지에 남편 없이 엄마가 된 이들. 만성질환자들. 이제는 힘에 부쳐 운전을 할 수 없는 노인들. 가족으로부터 소외감을 느끼며 결합에 어려움을 겪는 이들. 성 정체성이 다른 소수자들. 자신의 종교 및 의식으로부터 소외감을 느끼는 이들. 육체 및 정신 건강의 소외자들. 믿음, 소망, 사랑에서 멀리 있는 이들. 우정에서 멀리 있는 이들. 기쁨에서 멀리 있는 이들.

어떤 행위가 원인이 되어 그 바깥으로 갔을 수 있다. 어떤 부끄러운 비밀 때문에 그 바깥으로 갔을 수 있다. 그저 나이가 들어서, 약해지고 쓸모가 없어서 그 바깥으로 밀려났을 수 있다. 중학교에서 따돌림을 받았을 수 있다. 머리가 너무 곱슬거리거나 생긴 것이 볼품없어서, 코가 너무 크거나 가슴이 너무 작아서, 말을 더듬어서, 말이 너무 없거나 너무 많아서 그 바깥으로 가기도 했을 것이다.

이유가 무엇이든 아웃사이더라는 느낌이 들어서 수치심으로 인해 자신의 참된 자아 혹은 자기 이야기의 진실을 덮어 가리고 있는 이들이 있다면, 그레고리 보이드의 「종교의 참회」에서 인용한 다음의 말들을 읽어 보기 바란다. 이 말들이 아마 여러분을 다른 방식으로 덮어 가려 줄 것이다.

하나님께서 친절히 입혀 주신 옷으로 벗은 몸을 가린 아담과 하와처럼, 우리 또한 하나님의 사랑은 허다한 죄를 덮는다고 선언하라는 요청을 받았다(벧전 4:8). 벌거벗고, 심판 받아 마땅하며, 수치스러운 행위를 저지른 우리에게 하나님께서는 친절히 옷을 입혀 주신다.[4]

벗은 몸을 가려 보려는 아담과 하와의 어설픈 시도를 하나님께서는 비웃지 않으셨다. 얼마나 좋은가. 그분은 비꼬지 않으셨다. 그분은 그들을 가린 무화과나무 잎을 잡아채 한순간에 벌거숭이로 만드는 일은 하지 않으셨다.

왜 그렇게 하셨나?

그렇게 하는 것은 사랑의 일이 아니니까. 사랑은 발가벗기지 않는다. 사랑은 덮어 줄 뿐이다.

하지만 바리새인은 다른 사람들의 수치를 드러내는 전문가였다. 간음하다가 붙잡힌 여인의 경우를 예로 들어 보자. 현장에서 붙잡혔다고 본문은 말한다. 상상이 가는가? 분노한 남자들이 들이닥쳐 벌거벗은 여인을 상대에게서 거칠게 떼어 내 큰길로 끌고 다니며 발길질하고 소리치는 그 모습이?

예수께서는 이 공개적인 모욕에 가담하기를 거부하셨다. 그분은 힐끔거리는 군중 앞에 고스란히 드러난 여인의 몸을 가려 주시고, 여인에게 집중돼 있던 군중의 관심을 위선자들에게로 돌리셨다. 여인을 고발한 자들에게 맞서시고 그들이 슬그머니 뒷걸음질 칠 때까지 여인 곁에 계셨다. 그분의 친절로 몸을 가린 여인은 덮어 가릴 것을 하나 더 받고서 떠난다. 바로 그분의 용서다.

보이드는 다음과 같이 말을 이어 간다.

거룩하신 하나님께서는 그 자비하심으로 우리와 함께 일하신다. 우리가 그분의 계획A에 실패하면 그분은 계획B를 들고 우리와 함께 일하신다. 이마저 실패하면 계획C가 있고 D가 있다. 우리들 대다수가 끝끝내 실패하니 그분께서 결국 알파벳 마지막 글자까지 집어 드시는 경우가 무수히도 많았다! "여호와의 인자와 긍휼이 무궁하시므로 우리가 진멸되지 아니함이니이다"(애 3:22).[5]

하나님께서 아담과 하와를 붙들고 이와 같은 방식으로 일하셨다. 에덴은 계획A였다. 그들이 실패했을 때, 그분은 그들을 방치하지도, 포기하지도, 혹은 다른 누군가를 데리고 다시 시작하지도 않으셨다. 그분은 그들에게 다가오셔서, 그들을 부르시고, 옷을 입혀 주셨다. 그분은 그 자비하심으로 그들을 동산에서 추방하셨는데, 이는 그들이 계속 동산에 머물 경우 생명나무에 접근해서 더 오래 살 수 있었겠지만 생명 자체는 결국 지속적인 타락의 상태에 있을 것이기 때문이었다.

에덴 동쪽은 계획B였다. 동산의 문이 등 뒤로 덜커덕 닫히는 순간, 아담과 하와는 더 이상 인사이더가 아니었다. 그렇게 문이 닫힌 뒤 동산에는 누구도 있을 수 없었다. 이제부터는 모두가 밖에서 태어났다. 하나님의 계획은 이 바깥에 있는 자들을 하나씩 하나씩 찾아내서 다시 안으로 데려오시는 것이었다.

그분은 최초의 계획에 쏟으신 것과 전혀 다를 바 없는 열정을 이 계획에도 쏟아부으셨다. 밖에 있는 자들을 구해 내기 위한 그분의 구상은 창세기 3:15에 기록된 약속의 씨에 응축되어 있었다. 어느 날 인류 최초의 부모에게서 한 후손이 태어나기로 되어 있었으니, 이는 잃은 자를 찾아 구해 낼 구원자였다. 이 구원자가 그들을 안으로—집으로—데리고 들어올 것이며, 그 과정에서 그는 궁극적으로, 사탄에서부터 죽음 자체에 이르는 하나님의 원수들을 멸하기로 되어 있었다.

하지만 가인이 이 씨앗의 전달자인 아벨을 죽였고, 하나님께서는 다른 계획에 착수하셨다. 또다시 그분은 이전의 두 계획에 쏟으신 열정을 이번 계획에도 똑같이 바치셨다. 비유적으로 말하면, 그분은 알파벳 글자를 따라 계속해서 내려가셨다.

우물가의 여인을 생각해 보자. 유대인은 사마리아인과 상종을 하지 않았으므로, 그녀는 인종적으로 아웃사이더였다. 당시의 문화 풍토에서 여인은 일체의 권리가 없었으므로—재산을 소유할 수 없었고, 남성과 함께 예배드릴 수 없었으며, 공동체의 일에 어떠한 의견도 낼 수 없었으므로—그녀는 성차별의 관점에서 아웃사이더였다. 사마리아의 복합적인 인종 및 종교라는 상황에서도 도덕과 관련한 사회적 관습은 엄존했으므로, 그녀는 이 점에서도 역시 아웃사이더였다. 그녀는 다섯 번 결혼했다. 마지막 결혼마저 실패하지 않았다면 아마 그녀는 계획E를 실행에 옮겼을 테지만, 이번 남자와는 그냥 살기로 결심했다. 따라서 이제는 어떤 계획 같은 것을 포기했다. 꿈을 포기하고 희망을 버리고, 자신이 가치 있는 사람이라는 믿음을 버렸다. 자신의 인생을 있는 그대로 이해해 주고 사랑해 줄 남자가 혹시 있을지 모른다는 생각 같은 것은 이제 접었다.

마을의 여인들은 그녀를 어떻게 대했는가? 그녀가 하루 중 가장 뜨겁고 무더운 시간에 우물에 왔다는 사실이 사정을 말해 준다. 다른 여인들은 아마 아침저녁으로 선선한 시간대에 왔을 것이다. 하지만 이 여인은 필시 자신보다 의로워 보이는 다른 여인들의 낯 뜨거운 시선을 받느니 한낮의 땡볕을 감당하고자 했다.

그러면 도덕적으로 거듭 추락해 가는 이 여인을 예수께서는 어떻게 대하셨는가? 그분은 여인과 대화하셨다. 당시의 신분적 관습으로 보면, 그것은 명백한 금기사항이었다. 그분께서는 친절하고 정중하게 이야기를 나누시다가, 여인의 심중에 대고 말씀하셨다. "가서 네 남편을 불러오라!"

여인은 애매한 대답으로 덤불을 치고 숨었다. "남편이 없습니다."

그분은 여인의 말이 진실임을 인정해 주셨다. 여인이 남편 다섯을 차례로 거쳤으나 지금 사는 남자와는 결혼하지 않았다는 사실을 인정하셨다.

그분은 무슨 까닭으로 여인의 사정을 다시 언급하셨는가? 수치를 주기 위해서인가? 그렇다면 수치를 주려는 목적은 무엇인가? 현장에는 맞장구쳐 줄 청중도 없었을 뿐 아니라, 이미 그분은 다섯 남편을 거친 이 여인의 말할 수 없는 수치심을 알고 계셨다. 그렇다. 그분께서 여인의 인생을 다시 언급하신 것은, 그분이 그 여인을 이해하신다는 뜻이었다. 그분은 이 여인이 그 사실을 알기를 원하셨다. 그분은 여인이 그동안 어디에 있었는지 알고 계셨다. 여인이 그동안 무엇을 찾아 헤맸는지도 알고 계셨다. 물론 이제 와서 사랑은 사막의 신기루처럼 덧없는 것이었다. 여인은 끝없이 우물을 찾아다녔지만 가는 곳마다 우물은 말라 있었다. 그리고 이제는 피곤하고 목말랐다.

이 여인, 인생에서 실패한 이 여인은 계획을 포기했다. 마침 그 순간, 예수께서 창세 이래 진행되어 오던 한 계획을 여인에게 말씀하셨다. 여인이, 어느 날 메시아가 올 것임을 알고 있다고 말하자, 그분께서 여인의 말을 막고 말씀하셨다. "내가 그라"(요 4:26).

이 말씀의 중대성을 여러분은 알고 있는가?

예수께서는 거의 이처럼 말씀하시지 않았겠는가. "아담과 하와에게 한 약속이 지금 네 눈앞에 있다. 온다는 이가 이미 왔고, 너는 지금 그와 이야기하고 있다. 너는 왕을 알현하고 있으며, 그 왕의 온전한 관심을 받고 있다."

예수께서는 곡절 많은 과거를 지닌 이 이름 없는 아웃사이더에게 복음서에 나타난 자신의 정체성을 더할 수 없이 명백하게 밝히셨다. 바리새인들이 물었을 때는 이처럼 대답하지 않으셨다. 대제사장이나 빌라도에게도 마찬가지였다. 그들에게 알 수 없는 태도를 보이셨고, 대답을 회피하기까지 하셨다. 하지만 여인에게는, 뭇 예언자와 천사들이 2천여 년 간 목을 빼고 기다리며 듣고자 한 내용을 밝히셨다.

하워드 메이시(Howard Macy)가 옳았다. "하나님께서는 우리 모두가, 모든 피조물이, 진실로 피조 세계의 떨어져 나간 모든 생명이 애초의 목적지였던 온전함으로 다시 돌아오기를 간절히 바라신다."

여인은 떨어져 나간 생명이었다. 계약 공동체 바깥에, 마을 공동체 바깥에 있었고, 작열하는 태양 볕과 마을 사람들의 비웃음에 마르고 시들어 갔다. 하지만 이 한 생명을 찾아내기 위하여 이 끈질긴 목자가 사마리아 사막을 건너오셨다.

바깥에 있는 자들에 대하여, 그들을 찾는 이들에 대하여, 그들을 집으로 데려오는 일에 대하여 그분께서 보이시는 열정이 이와 같다.

적용과 토론

1. 우리는 빈번히 우리가 하나님을 추적하고 있다고 생각할 뿐 아니라 어디서도 그분을 찾을 수 없다고 느낀다. 하워드 메이시는 우리에게, 우리의 생각이 무엇이든 하나님께서는 열심히 우리를 찾고 계신다는 점을 기억하라고 조언한다. 잠시 기도의 시간을 갖고, 하나님의 사랑과 신실하심에 감사드리자. 그분의 손길을 느끼고 그분의 지시에 따를 수 있는 능력을 달라고 기도드리자.

2. 여러분은 무엇으로부터 소외되어 있다고 느끼는가? 예컨대, 여러분의 손에 잡히지 않는다고 생각되는 것—찾을 수 없고, 가질 수 없고, 누릴 수 없다고 여기는 것은 무엇인가? 기대할 수 없는 것은 무엇인가?

3. 하나님은 사랑이시다. 사랑은 드러내지 않고 덮어 준다. 그런데 우리는 어찌하여 하나님을 피해 달아나는가? 왜 우리는 들키지 않으려고 그토록 애를 쓰는가? 하나님의 추적과 발견을 피해 숨기고 싶은 어떤 부분이 여러분 안에 있는가?

4. "거기 바깥에" 혼자 있을 때 여러분의 마음은 어떠한가? 자신에게 어떤 말을 하는가?

6
바깥에 있는 자들을 위한 하나님의 준비

> 환대는 우선적으로, 낯선 사람이 들어와서 적이 아닌 친구가 될 수 있는 자유로운 공간을 만들어 주는 것을 의미합니다. 또한 사람을 변화시키는 것이 아니라 변화가 일어날 수 있는 자리를 그들에게 주는 것입니다.
>
> _헨리 나우웬, 「영적 발돋움」[1]

이 모든 것의 출발점은 아브라함이다.

창세기 12장에서 하나님과 계약 관계에 들어간 아브라함은 고향을 떠나라는 지시를 받는다. 말하자면, 자신의 땅에서 인사이더로 살던 그가 타향으로 가서 아웃사이더가 되어야 하는 것이다.

히브리서 기자는 이렇게 역설한다.

> 믿음의 행위로 아브라함은, 장차 그의 본향이 될 미지의 땅으로 떠나라는 하나님의 부르심에 "예" 하고 응답했습니다. 떠나면서도 그는 자기가 어디로 가는지 몰랐습니다. 믿음의 행위로 그는, 자신에게 약속된 땅에서 살되 **나그네처럼** 장막을 치고 살았습니다(11: 8-9, 「메시지」, 저자 강조).

이국땅을 여행하는 나그네로서 아브라함은 도중에 만난 사람들의 친절에 의지했다. 그리고 똑같은 친절을 자신이 만난 나그네들에게 베풀었다. 예를 들어, 창세기 18장에는 아브라함이 신적인 나그네 셋을 대접하는 장면이 나온다. 그는 거의 뛰다시피 나가 손님들을 맞이

하며, 쉬어 갈 자리와 원기회복에 필요한 음식을 제공함으로써 환대를 베푼다. 구약성경에는 이스라엘 사람들이 아웃사이더들에게 편의를 제공하도록 명백히 규정하는 광범위한 율법이 있다. 이 율법은 공정한 대우에서부터 휴식, 보호, 양식 제공에 이르는 모든 것을 다룬다. 다음은 그 율법의 한 예다.

> 네가 밭에서 곡식을 벨 때에 그 한 뭇을 밭에 잊어버렸거든 다시 가서 가져오지 말고 나그네와 고아와 과부를 위하여 남겨 두라. 그리하면 네 하나님 여호와께서 네 손으로 하는 모든 일에 복을 내리시리라. 네가 네 감람나무를 떤 후에 그 가지를 다시 살피지 말고 그 남은 것은 객과 고아와 과부를 위하여 남겨 두며 네가 포도원의 포도를 딴 후에 그 남은 것을 다시 따지 말고 객과 고아와 과부를 위하여 남겨 두라. 너는 애굽 땅에서 종 되었던 것을 기억하라. 이러므로 내가 네게 이 일을 행하라 명령하노라(신 24:19-22).

하지만 어떠한 율법 조항도 환대보다 중요하거나 거룩하지 않았다. 환대는 고대 근동의 최상위 덕목이었다. 주인과 손님의 관계는 거룩했다. 다시 말해, 환대는 바깥에 있는 자들을 안으로 초대하는 행위였고, 이로 인해 아웃사이더들은 나그네에서 손님으로 바뀌었다. 이는 단순히 한집안 사람이나 한 공동체 내의 친구를 대접하는 것과는 차원이 달랐다. 창세기 18, 19장에서 우리는 찾아드는 나그네에게 환대를 베푸는 아브라함과 롯의 모습을 각각 볼 수 있다. 히브리서 기자는 이 두 사건을 예로 들어, 우리를 통해 천국의 목적이 종종 이루어질 수 있음을 보여주려고 한다. "손님 대접하기를 잊지 말라. 이로써 부지중에 천사들을 대접한 이들도 있었느니라"(히 13:2).

고향 땅을 멀리 떠나온 이들에게 베푸는 환대의 개념은 고전 및 성경에서 사용된 그리스어 "필로제니아"(philoxenia)로 표현된다. 필로(philo)가 '친구'를, 제니아(xenia, 외국인 공포증을 의미하는 xenophobia가 여기서 유래했다)가 '나그네'를 뜻하므로 복합어의 의미는 '나그네의 친구'가 된다. 필로라는 그리스어에는 '사랑'이라는 뜻도 있으니, 필로제니아는 '나그네에 대한 사랑'으로 번역될 수 있다. 흥미롭게도 구약성경에는 네 이웃을 사랑하라는 계명보다 나그네를 사랑하라는 계명이 훨씬 더 많다. 레위기 19:34이 그중 한 계명이다. "너희와 함께 있는 거류민을 너희 중에서 낳은 자같이 여기며 자기같이 사랑하라. 너희도 애굽 땅에서 거류민이 되었었느니라. 나는 너희의 하나님 여호와이니라."

환대는 우리가 다른 이들에게 사랑을 보여주는 한 가지 방식이다. 나그네에게 보여준 사랑은 하나님의 거룩한 사랑을 밀접하게 반영한다(눅 14:12-14, 6:32-35).

환대와 관련하여 내가 읽은 최고의 자료는 헨리 나우웬(Henri Nouwen)의 책 「영적 발돋움」(Reaching Out)에 있다.[2] 나는 어떤 책에 대해 이런 식의 표현을 거의 안 하는 편이지만, 이 책의 환대를 다룬 부분은 여러분의 삶을 확실히 바꿀 만하다. 여러분이 교사 혹은 목회자라면, 그 부분을 읽고서 아마 여러분의 일에 대한 철학과 방식이 바뀔 것이다.

내가 몇 년 간 강의를 한 적이 있었던 노트르담 대학을 방문했을 때, 나는 인생의 거의 대부분을 그 대학에서 보낸 경험 많은 한 노(老)교수를 만났다. 함께 아름다운 교정을 거닐면서 그는 우수 띤 목소리로 이렇게 말했다. "이보게,……평생 나는 내 일이 끊임없이 방해를 받는다고 불평하면서 살아왔네만 결국은 그렇게 방해 받는 것이 바로 나의 일이었다는 사실을 알게 되었네."

이 문장을 처음 읽는 순간 나는 책을 덮지 않을 수 없었다. 잠시 밖으로 나가 걸으며 생각했다. 예수에 대해 생각했다. 그분께서 얼마나 많은 방해를 받으셨는지, 가던 길 멈추시고 방해하는 이들에게 시간을 내어주심으로써 얼마나 많고 놀라운 사건들이 일어났는지 생각했다.

여러분이 부모라면, 환대에 대한 나우웬의 통찰을 접하고서 여러분의 자녀를 보는 방식, 여러분의 자녀를 대하는 방식이 변할 수 있을 것이다.

부모와 자녀의 관계를 환대라는 말로 얘기하는 게 어색하게 들릴지도 모르겠습니다. 하지만 자녀는 부모가 소유하여 지배하는 소유물이 아니라 사랑하고 돌보아야 할 선물이라는 점은 기독교의 가르침에서 중심적인 부분입니다. 자녀는 우리의 가정으로 들어와서 조심스러운 관심을 요구하고 얼마 동안 머물다가 때가 되면 자기 나름의

길을 찾아 떠나는 가장 소중한 손님입니다.³

공간을 마련하여 나그네를 들임은 변화의 여지를 만들어 냄이니, 곧 아름다운 우정이 형성될 수 있고, 놀라운 선물들을 나눌 수 있으며, 낯선 나그네들이 친구가 될 수 있는 것이다. 하지만 먼저 우리는 기꺼이 방해 받을 생각을 해야 하고, 당연히 불편을 감수해야 한다. 두려움보다는 믿음의 자리에서 사는 법을 배워야 한다. 그리고 좋은 주인이 되어야 한다. 아마도 우리가 흔히 알고 있는 것과는 다른 좋은 주인이 되어야 한다.

주인은 흔히 손님을 위해 늘 말을 걸어야 한다고, 소일거리와 볼 것과 만날 사람들을 마련해 줌으로써 그를 즐겁게 해야 한다고 느낍니다. 하지만 손님의 빈 공간을 모조리 채우려 하고 손님의 빈 시간을 남김없이 사용하려 한다면, 환대는 보기보다 억압적인 것이 됩니다.⁴

환대는 공간을 채우는 것이 아니라 만들어 내는 것이며, 좋은 주인은 이를 알고 있다. 환대의 공간이 만들어지면 놀라운 일들이 일어난다. 사방 벽을 있는 대로 채우지 않고 비워 두는 주인은 성령께서 태초의 바다 위에 떠서 날갯짓하며 생명을 불어넣으신 것처럼, 그 공간으로 들어와 날개 치실 여지를 남겨 두는 사람이다.

***

우리가 우리와 함께 거하는 나그네를 사랑해야 하고 환대가 그 사랑을 표현하는 한 가지 방식이라면, 마땅히 우리는 그 나그네에게 환대를 베풀어야 할 것이다.

여기서 한 가지 의문이 생긴다.

우리 안에 사는 나그네는 어떤가? 우리 안에는 먼 나라의 외국인, 아웃사이더로 헤매는 어떤 부분이 있다. 우리는 그 나그네를 어떻게 대하는가?

레위기 19:34을 참고하며 잠시 생각해 보아야 한다. "너희와 함께 있는 거류민을 너희 중에서 낳은 자같이 여기며 자기같이 사랑하라."

우리는 우리 안의 그 부분을 무시할 수 있다. 그것이 우리 안에 산다는 사실을 부인할 수 있다. 그것을 다른 이들이 못 보도록, 심지어 우리 자신에게조차 숨길 수 있다. 그 외국인을 원래 살던 곳으로 돌려보내려고 할 수 있다.

아니면, 우리는 좋은 주인이 되어 공간을 마련하고, 거기서 대화하고 듣고 이해할 수 있다. 예를 들어, 우리에겐 수치심이 있다. 여러분은 그것을 어떻게 대우하는가? 이렇게 해보면 어떨까. 수치심을 환영하자. 손님처럼 대하자. 거실 의자를 권하고 같이 앉아서 사연을 듣자.

수치심이여, 나는 그대가 거기, 내 안에 있는 것을 안다네. 벽장 속에 숨었군. 나와서 이야기 좀 하면 어떤가? 여기 소파에 앉게. 먹을 거라도 가져올 테니 이야기를 들어 보자구. 시간은 많으니 서두를 필요는 없네. 그대가 그동안 어디 있었는지, 어떻게 해서 그곳에 가게 되었는지, 그리고 지금까지 무슨 일을 겪었는지 정말 알고 싶군.

모든 것을 말이야.

분노여! 마당에 나가서 좀 쉬지 않겠나. 무엇 때문에 그토록 이를 갈았는지, 차 안에서 왜 투덜거리고 소리쳤는지 내가 이해할 수 있도록 설명해 주면 안 되겠나. 그대에 대해 이야기해 보게. 좀 아픈 것 같군. 나는 그저 듣기만 할 테니 이야기해 볼 텐가? 정말 나는 알고 싶다네.

용서하지 않는 마음이여, 이야기 좀 할 수 있겠나?

***

우리가 나그네를 우리 자신처럼 사랑해야 한다면, 그래서 같은 동포에게 하듯 그 나그네에게 환대를 베풀어야 한다면, 최소한 먼저 대화를 시도해야 한다. 그런 다음 우리는 아마도 변화가 발생할 수 있는 공간을 마련해 낼 수 있을 것이다. 그 공간에서야 성령께서 최선으로 일하실 수 있다.

이제 이 모든 논의의 출발점이었던 아브라함에게 다시 돌아가자. 리처드 커니(Richard Kearney)는 「재유신론」(*Anatheism*)에서 이렇게 쓴다.

성경 종교의 그 위대한 창시자는 적의를 보일 수도 있고 환대를 베풀 수도 있다. 그리고 아브라함의 후손은 역사적으로 이 전철을 밟아 왔다. 나그네를 거부하거나 받아들이거나 했다. 사실 유대인들이 해마다 치르는 초막절은 아브라함의 추종자들에게, 그들이 영원히 장막의 거주자요 나그네 대접에 헌신하는 땅 위의 나그네임을 상기시키는 역할을 한다. 이 점은 거듭거듭, 해마다 상기되어야 한다. 왜 그런가? 대다수의 다른 종교들과 마찬가지로 성경 종교는 최선도 가능하고 최악도 가능하기 때문이다. 모든 것은 처음부터 끝까지 믿음의 도박으로 귀결된다―하나님의 말씀을 해석학적으로 읽으면, 하갈과 이스라엘을 무자비하게 추방하는 아브라함의 행위는 알 수 없는 곳에서 온 이방인들을 후대하는 행위와 전면적으로 대치된다. 아브라함은 이를 데 없이 잔인할 수도 있지만, 잠재적인 위협의 가능성을 안고 있는 유랑민들을 흔쾌히 집으로 받아들일 수도 있다. 이 극단적인 방향 전환의 결과, 아브라함과 그의 아내 사라 앞에는 새 생명의 가능성이 열린다.[5]

여러분 자신을 새 생명의 가능성 앞에 세우자. 두려움보다는 믿음을, 적대보다는 환대를 선택하자. 위험한가? 커니는 이렇게 답한다.

> 간단히 말해서, 나그네는 우리가 "주인"으로서 거처를 제공하지 않으면 머리 둘 곳이 없는 초대받지 못한 자다. 이 낯선 아웃사이더가 올 경우 뜻하지 않게 방해 받을 수 있다는 느낌―우리에게 위험과 모험을 감수하라고 하는 불확실한 것에 대한 느낌이 있다.[6]

나그네를 받아들이는 데는 위험이 따른다.
    하지만 그 위험이 진정 나그네를 돌려보내는 위험보다 클까?
    과연 예수께서 이렇게 말씀하셨다. "내가……나그네 되었을 때에 〔너희가〕 영접하지 아니하였고"(마 25:43). 그리고 그 거절의 결과는 돌이킬 수 없는 것이 되고 말았다.

적용과 토론

1. 헨리 나우웬의 환대에 대한 통찰, 그리고 주인은 흔히 대화와 즐거움으로 그 공간을 채워야 한다고 느낀다는 부분을 다시 읽어 보자. 환대라는 말을 처음 들었을 때 여러분이 가장 먼저 생각한 것은 무엇인가? 여러분에게 환대의 공간을 마련해 준 본보기로 가장 기억에 남거나 신뢰할 만한 사람은 누구인가?

2. 한 노교수가 나우웬에게, 자신은 끊임없이 일을 방해 받아서 평생을 불평했는데 결국 그렇게 방해 받는 것이 자신이 일이었음을 깨닫게 되었다고 말했다. 무슨 뜻인가? 이 내용을 여러분의 삶에 적용해 보면 실제로 어떤 모습이 될까?

3. 여러분의 부모는 어떻게 해서 여러분을 소유하고 다스릴 사유물이 아니라 아끼고 보살펴야 할 선물로 양육했는가? 또 어떻게 했기에 그렇게 양육하지 못했는가? 여러분은 어떤 방식으로 자녀양육에 임하는가? 자녀양육에 관한 여러분의 생각을 어떻게 개선할 수 있는가?

4. 레위기 19:34을 읽자. 여러분의 어떤 부분이 아웃사이더, 곧 "외국인"인가? 여러분을 다른 사람과 갈라놓는 원인이 수치심이든 분노든 용서하지 않는 마음이든, 여러분은 어떻게 두려움보다 믿음을 위에 놓고, 완고함보다 위험을 선택하며, 나그네들을 위해—공간을 만들어 내고, 대화하며, 사랑을 보여주는—환대를 선택할 수 있는가?

7

바깥에 있는 자들을 향한 예수의 사명

> 주의 성령이 내게 임하셨으니
> 이는 가난한 자에게 복음을 전하게 하시려고
> 내게 기름을 부으시고
> 나를 보내사 포로된 자에게 자유를,
> 눈먼 자에게 다시 보게 함을 전파하며
> 눌린 자를 자유롭게 하고……(눅 4:18).

성경의 아웃사이더를 주제로 연구를 시작하면서 나는 한 가지 놀라운 사실을 발견했다. 다시 말해, 예수께서는 누구나 그분께 올 수 있도록 스스로를 개방하셨지만 그렇다고 누구나 추적하지는 않으셨다. 하지만 그분 사역의 지속적인 경향은 그분 삶의 사명에 대한 열정이었다. 그분은 태어나서 죽으시는 순간까지 바깥에 있는 자들을 끈질기게 추적하셨다.

아웃사이더를 향한 사명

예수의 족보에 예시되다

마태복음의 서두는 가계도로 아름답게 장식되어 있다.

1절에서 마태는 메시아의 혈통을 따라 올라가면 이스라엘의 두 영웅에 닿는다고 말한다. 하나는 이스라엘의 가장 위대한 왕 다윗이고, 또 하나는 이스라엘의 가장 위대한 족장 아브라함이다.

그리고 17절에서 그는 그 가계도가 저 옛날 접이식의 3단 칸막이처럼 세 폭짜리 화첩으로 정리되어 있음을 보여준다. 한 폭마다 열네 대씩 기록되는데, 첫째는 아브라함에서 다윗까지, 둘째는 다윗에서 바빌론 유수까지, 셋째는 유수에서 메시아까지 각각 열네 대다.

족보의 구성은 대단히 운율적이다. 크게 소리 내어 읽어 보면 행마다 고유한 리듬이 있다. 하지만 내가 강조체로 표시한 다섯 부분(1-17절)에 이를 때마다 리듬이 잠시 깨진다. 이처럼 여러 차례에 걸쳐 독자들의 리듬을 방해하는 데는, 이 족보가 구약성경의 여타 족보와는 다르다는 사실을 독자들에게 주지시키려는 저자의 의도가 깔려 있다. 수천 년에 걸쳐 진행되어 온 어떤 일이 이제 막 사건화될 참이다.

아브라함의 자손이며 다윗의 자손인 예수 그리스도의 족보다.

아브라함은 이삭을 낳았고
이삭은 야곱을 낳았고
야곱은 유다와 그 형제들을 낳았고
유다는 베레스와 세라를 낳았고(그들의 어머니는 다말이었다)
베레스는 헤스론을 낳았고
헤스론은 람을 낳았고
람은 아미나답을 낳았고
아미나답은 나손을 낳았고
나손은 살몬을 낳았고

살몬은 보아스를 낳았고(그의 어머니는 라합이었다)

보아스는 오벳을 낳았고(룻이 그의 어머니였다)

오벳은 이새를 낳았고

이새는 다윗을 낳았고

다윗은 왕이 되었다.

다윗은 솔로몬을 낳았고(우리야의 아내가 그의 어머니였다)

솔로몬은 르호보암을 낳았고

르호보암은 아비야를 낳았고

아비야는 아사를 낳았고

아사는 여호사밧을 낳았고

여호사밧은 요람을 낳았고

요람은 웃시야를 낳았고

웃시야는 요담을 낳았고

요담은 아하스를 낳았고

아하스는 히스기야를 낳았고

히스기야는 므낫세를 낳았고

므낫세는 아몬을 낳았고

아몬은 요시야를 낳았고

요시야는 여호야긴과 그 형제들을 낳았고

그 무렵에 백성이 바빌론에 포로로 잡혀갔다.

바빌론으로 잡혀간 뒤에

여호야긴은 스알디엘을 낳았고

스알디엘은 스룹바벨을 낳았고

스룹바벨은 아비훗을 낳았고

아비훗은 엘리아김을 낳았고

엘리아김은 아소르를 낳았고

아소르는 사독을 낳았고

사독은 아킴을 낳았고

아킴은 엘리웃을 낳았고

엘리웃은 엘르아살을 낳았고

엘르아살은 맛단을 낳았고

맛단은 야곱을 낳았고

야곱은 마리아의 남편인 요셉을 낳았고

마리아는

그리스도라 하는 예수를 낳았다.

아브라함부터 다윗까지 열네 대,

다윗부터 바빌론으로 잡혀갈 때까지 열네 대,

바빌론으로 잡혀간 뒤로 그리스도까지 열네 대였다.

(1-17절, 「메시지」)

강조체로 표시한 행들만 따로 모아 보면 저자의 의도가 보인다.

그들의 어머니는 다말이었다.

그의 어머니는 라합이었다.

룻이 그의 어머니였다.

우리야의 아내가 그의 어머니였다.

마리아는 그리스도라 하는 예수를 낳았다.

이처럼 메시아의 가계도에 다섯 여인이 포함되었다. 유대인의 문서에 여인들이 기재되는 것은 당시의 관습이 아니었으므로, 유대인 독자들―마태가 의도한 독자들―은 그 즉시 주목하지 않을 수 없었을 것이다. 더욱 놀라운 점은, 이 족보에 이방 여인들이―유대인과 이방인의 통혼은 엄격히 금지되어 있었다―그리고 지독한 추문까지는 아니라 해도 도덕성이 의심스러운 여인들이 포함되었다는 사실이다.

예컨대, 다말은 가나안 사람으로서 아웃사이더였다. 창세기 38:6-30에 그녀의 이야기가 나온다.

프랭크 스피나는 「아웃사이더의 믿음」에서 다말의 중요성을 약술하며, 속임수를 사용하기는 했지만 약속의 씨앗을 보존한 다말이 없었다면 다윗 또한 없었을 것이라고 말한다.

하나님의 백성과 세계의 미래를 위해 결정적인 행동을 한 것은 아웃사이더 다말이었다. 애초에 그녀는 선택된 인사이더가 아니었지만, 선택된 백성의 사명이 제 방향을 벗어나지 않도록 힘썼다. 하나님께서는 인사이더들과 그들의 사명의 성공을 위해 그녀를 사용하셨다.[1]

라합은 가나안 사람에다 매춘부이기까지 했다. 여호수아 2:1-24, 6:22-24에 그녀의 이야기가 있다.

라합은 인종적으로나 도덕적으로나 계약 공동체 바깥사람이었다. 그녀의 민족은 경멸당했다. 그녀의 직업 또한 경멸받을 만한 것이었다. 그럼에도 그녀는 유대인들의 하나님에 대해 듣고, 그 하나님이 기적적으로 그들을 구해 냈다는 이야기를 듣고 마음을 움직여 믿었으며, 그분의 백성을 위해 목숨을 걸고 용기를 냈다. 결과적으로, 히브리서 기자는 그녀를 구약성경의 몇몇 위대한 영웅들과 같은 반열에 올려놓는다(11:30-31).

라합이 그처럼 영예로운 자리에 들었다는 사실로 우리는 하나님의 사랑이 어떠한지 알 수 있다. 그분의 사랑은 라합을 덮어 주고 또한 기렸다. 그녀는 후일 살몬과 결혼했다. 일각에서는 이 살몬이 그녀가 숨겨 준 정탐꾼들 중 하나였다고 믿는다. 룻기 4:21이 밝히는 바, 그녀의 아들은 보아스다. 이 보아스는 메시아 가계도에서 라합 다음으로 등장하는 여인과 결혼했다. 스피나의 단평은 이렇다.

> 가나안의 매춘부라는 비천한 아웃사이더였던 여인이 믿음의 어머니라는 위대한 인사이더가 된다. 그녀는 위대한 이스라엘 사람 다윗과 예수 그리스도의 조상이 된다(룻 4:18-22).[2]

룻은 모압 지역 출신의 이방인이었다. 룻기에 그녀의 이야기가 나온다. 그녀 또한 아웃사이더였다가 하나님의 은혜로 인사이더가 되었다. 그녀는 보아스가 마음을 빼앗길 만큼 성품이 뛰어난 여인이었다. 보아스는 들에서 이삭을 줍고 있던 룻을 우연히 목격하게 된다. 이삭 줍기는 가난한 사람과 임시 거류민들에게만 허용된 것이었는데, 그럼에도 보아스는 이 여인을 흠모하게 되었다.

이해할 수 없는 일이 하나 있다. 보아스는 룻을 데리고 거래관계를 처리하는 성문께로 가서 장로들에게 두 사람의 결합을 축복해 달라고 부탁한다. 장로들은 진심으로 축복하고 다산을 빌어 준다.

하지만 율법은 유대인들이 이방인과 결혼하는 것을 엄격히 금했다.

우리는 장로들의 결정을 어떻게 이해해야 할까? 보아스는 편법을 쓰지 않았다. 그는 하나님의 율법을 뛰어넘는 더 위대한 것, 곧 하나님의 마음에 호소하고 있었다. 하나님의 마음은 아웃사이더를 향해 있다. 그분의 둘도 없이 위대한 사명—잃은 자를 찾아 집으로 데려오시는 일—은 그보다 덜 중요한 모든 사명들 위로 호를 그리며 천국과 지상을 잇는다. 스피나가 다음과 같이 설명한다.

하나님의 이스라엘 선택을, 여타의 모든 이들을 배제한 채 선택된 백성을 이롭게 하려는 의도적인 신의 행위로 생각한다면 잘못일 것이다. 이스라엘이 신의 선택이라는 결과로 인사이더의 지위를 얻은 것은 의심의 여지가 없지만, 여기에는 온당한 신학적 성찰이 보태져야 한다. 하나님께서는 다른 모든 이들을 저주하고 이스라엘 사람들을 보존하고자 이스라엘을 선택하신 것이 아니었다. 그것은 구약성경이 보여주는 선택이나 배제의 작동원리가 아니다. 다른 모든 이들을 하나님의 우리 밖에 두려고 이스라엘이 선택된 것은 아니었다. 이스라엘은 결국 다른 모든 이들을 안으로 들이기 위해 선택되었다.[3]

밧세바 역시 아웃사이더였다. 이름 자체는 명기되지 않았지만, 그녀가 우리야의 아내였다는 마태의 언급에서 우리는 그녀가 밧세바임을 읽어 낼 수 있다. 우리야는 다윗 왕의 용사 중 하나로서 히타이트 사람이었으며 역시 아웃사이더였다. 사무엘하 11장 및 이후 부분에 그들의 이야기가 나온다.

다윗은 밧세바와 간통했고, 이는 결국 그녀의 남편의 피살로 이어졌다. 다윗은 이 사건을 은폐한 후 밧세바를 자신의 아내로 삼았다. 하나님께서는 그 아이를 거두어 가셨지만 그들에게 또 한 아이를 주셨다. 성경은 그들이 솔로몬이라 이름 지은 아이를 주께서 사랑하셨다고 말씀한다. 그리고 세상의 구주께서는 이 한 번의 수치스러운 결합의 축복을 통해 오셨다.

예수의 탄생에 그려지다

구주의 탄생 장소와 그 탄생을 축하하러 온 사람들의 면면에서부터 이미 그분의 지위와 명성이 얼마나 볼품없는 것이었는지 알 수 있다. 여관에는 그분께서 드실 방이 없었다. 그분께 허락된 장소는 바깥 축사뿐이었다. 그분의 오심을 축하하러 온 사람들도 목동과 점성술사들뿐이었다. 이들 역시 아웃사이더였다. 사회의 하층민인 목동들은 대체로 뜨내기였고, 따라서 의심스러운 자들이었다. 동방에서 온 방

문객들, 금지된 사술과 관련된 외국인들 역시 의심스러웠다.

예수, 궁극적인 인사이더였던 그분은 바깥에 있는 이들을 불러 모아 인사이더로 만들기 위해 친히 아웃사이더가 되셨다.

구약에 예언되다

예수께서는 사역을 시작하시면서 그분의 고향 마을에서 사명을 선언하셨다.

> 예수께서 그 자라나신 곳 나사렛에 이르사 안식일에 늘 하시던 대로 회당에 들어가사 성경을 읽으려고 서시매 선지자 이사야의 글을 드리거늘 책을 펴서 이렇게 기록된 데를 찾으시니 곧 주의 성령이 내게 임하셨으니 이는 가난한 자에게 복음을 전하게 하시려고 내게 기름을 부으시고 나를 보내사 포로된 자에게 자유를, 눈먼 자에게 다시 보게 함을 전파하며 눌린 자를 자유롭게 하고 주의 은혜의 해를 전파하게 하려 하심이라 하였더라. 책을 덮어 그 맡은 자에게 주시고 앉으시니 회당에 있는 자들이 다 주목하여 보더라. 이에 예수께서 말씀하시되 이 글이 오늘 너희 귀에 응하였느니라 하시니(눅 4:16-21).

아웃사이더들의 오두막에 불과한 나사렛에 도착하신 예수께서는 스스로를 이사야가 예언한, 신의 지명을 받은 종으로 밝히셨다. 그분은 하나님의 기름 부으심으로 오셨고, 이는 하나님의 사명, 바깥에 있는 자들을 찾아 구해 내는 사명을 완수하기 위함이었다. 그분은 밖에 있는 모든 이들에게 줄 것이 있다고 말씀하셨다. 가난한 이들에게는 기쁜 소식을, 포로된 자들에게는 자유를, 눈먼 자들에게는 밝은 세상을 주시겠다고 말씀하셨다.

이 전언은 상반된 반응을 불러일으켰다. 어떤 이들은 환영했고, 어떤 이들은 반대했다. 예수께서는 적대적인 분위기를 보시고, 이 인사이더들의 무자비함에 대해 말씀하셨다.

예수께서 대답하셨다. "너희는 '의사야, 가서 네 병이나 고쳐라' 하는 속담을 인용해서 '네가 가버나움에서 한 일이 있다던데, 그것을 여기 네 고향에서도 해보아라' 할 것이다. 하지만 내가 너희에게 해 줄 말이 있다. 예언자는 자기 고향에서 환영받지 못하는 법이다. 엘리야 시대에 삼 년 반 동안 가뭄이 들어 기근으로 땅이 황폐해졌을 때에 이스라엘에 과부가 많았으나, 시돈의 사렙다에 사는 과부에게만 엘리야가 보냄을 받지 않았느냐? 또 예언자 엘리사 시대에 이스라엘에 나병환자가 많았으나, 깨끗함을 받은 사람은 시리아 사람 나아만뿐이었다." 회당 안에 있던 사람들 모두가 그 말에 화가 났다. 그들은 예수를 내몰아 동네 밖으로 쫓아낸 다음, 동네 끝에 있는 벼랑으로 끌고 가서 그를 밀쳐 죽이려고 했다. 그러나 예수께서 그들에게서 벗어나 자기 길을 가셨다(눅 4:23-30, 「메시지」).

이 단락에 대해 프랭크 스피나는 다음과 같이 말한다.

예수께서는 유대교 성경의 두 아웃사이더 이야기를 들어 주장을 펼치신다. 그분은, 엘리야 시대 이스라엘의 모든 과부들 중에서도 유독 이스라엘 바깥의 한 과부에게 그 위대한 예언자가 파견되었으며 따라서 과부가 대기근을 견뎌 냈음(왕상 17:8-24)을 언급하신다. 예수께서는 또한, 엘리사 시대 이스라엘의 모든 문둥병자들 중에서도 유독 나아만(시리아인) 혼자만 그 예언자에 의해 치유 받았음(왕하 5장)을 환기시키신다.[4]

하나님께서 먼 옛날에도 바깥에 있는 이들을 사랑하셔서 안에 있는 자들을 돌아보지 아니하셨음을 예수님은 현장의 인사이더들에게 철저히 보여주셨고, 이로 인해 그분을 향한 적개심이 형성되었던 것이다.

선택하신 제자들로 예시되다
예수께서 가장 가까운 추종자로 선택하신 사람들은 훌륭하고 똑똑한 것과는 거리가 멀었다. 대부분은 갈릴리 바다 주변 지역 출신이었다. 생각 있는 랍비라면 갈릴리 같은 데서 학생을 선발할 수 없었겠지만, 예수께서는 거기서 제자를 모았다. 그렇게 모은 제자들은 어느 모로 보나 자투리에 불과했다. 어부들, 세리 하나, 정치 폭력배 하나, 그리고 신통치 않은 경력의 소유자 몇몇.

예수의 가르침으로 설명되다

너희는 이 우리에 있는 양들 말고도 다른 양들도 있다는 것을 알아야 한다. 나는 그 양들도 모아서 데려와야 한다. 그들도 내 목소리를 알아듣고, 한 목자 아래서 한 양떼가 될 것이다(요 10:14-16, 「메시지」).

"이 우리"는 이스라엘을 말한다. "다른 양들"은 계약 공동체 바깥에 있는 사람들 혹은 육체적·정신적·도덕적으로 부정한, 그래서 우리 안의 다른 양들에게 밭혀 쫓겨난 유대인들을 말한다. 예수께서는 바깥에 있는 자들의 친구가 되려고 아웃사이더가 되셨다. 이를테면 자신의 백성에게 오셨으나 그 백성이 받아 주지 않았으므로 자신의 땅에서 나그네가 되신 것이다. 그분은 예나 지금이나 울타리 경계선 너머로 밀려난 모든 사람—가난한 자, 압박 받는 자, 거절당한 자, 사회의 하층민, 잊혀지고 버림받은 자, 기피당하고 조롱받는 자—의 대변자이시다.

예수께서 사역을 시작하신 장소를 통해 드러나다

요단강에서 세례를 받으신 예수께서는 예루살렘이 아니라 갈릴리에서 사역을 시작하셨다. 누가는 자신의 복음서 4장에서 그분의 행로를 기록한다.

예수께서 성령의 능력으로 갈릴리에 돌아가시니 그 소문이 사방에 퍼졌고 친히 그 여러 회당에서 가르치시매 뭇 사람에게 칭송을 받으시더라(14-15절).

예수 탄생 한 세기 반 전부터 갈릴리 바다 주변 지역은 대체로 유대인보다는 이방인의 거주지였다. 이 이방인들은 주로 장인, 어부, 농부에, 그 지역을 관통하는 무역로에서 장사하는 상인이었다. 로마의 영향력은 남쪽 예루살렘보다 이 지역에서 현저했다. 로마는 지역경제 촉진책으로 건축 계획을 도입하고, 대규모의 병력을 주둔시켰다. 주둔군이 이 지역에서 식량과 물자를 비롯하여 육체적 욕구의 해소를 위한 다양한 쾌락을 소비하는 것은 당연했다. 갈릴리 사람이라는 말은 아웃사이더라는 말의 동의여였다. 그들은 혼혈인으로서 잡혼, 중구난방의 사투리, 다양한 피부색, 이교도의 습속 등이 한데 어우러진 혼합 집단이었다. 유대인들이 일정 규모의 마을에 있는 회당들을 중심으로 이 지역에 존재했지만 소수집단에 불과했고, 대부분 정통 유대인이 아니었다.

예수의 가장 위대한 설교의 청중을 통해 드러나다

예수께서 산상수훈을 말씀하실 때 들었던 청중은 대부분 인사이더보다는 아웃사이더로 구성되어 있었다. 그분의 말씀은 마태복음 5-7장에 기록되어 있다. 5:1은 그분의 말씀에 앞서 우리를 준비시킨다. "예수께서 무리를 보시고 산에 올라가 앉으시니 제자들이 나아온지라." 이 군중은 어디서 온 사람들인가? 마태복은 4장 끝부분에 그들이 등장한다.

> 예수께서 온 갈릴리에 두루 다니사 그들의 회당에서 가르치시며 천국 복음을 전파하시며 백성 중의 모든 병과 모든 약한 것을 고치시니 그의 소문이 온 수리아에 퍼진지라. 사람들이 모든 앓는 자 곧 각종 병에 걸려서 고통당하는 자, 귀신 들린 자, 간질하는 자, 중풍병자들을 데려오니 그들을 고치시더라. 갈릴리와 데가볼리와 예루살렘과 유대와 요단 강 건너편에서 수많은 무리가 따르니라(23-25절).

시리아 사람들, 갈릴리 사람들, 데가볼리로 알려진 열 개의 이방 도시들에서 온 사람들, 요단 너머에서 온 사람들은 아웃사이더들이었다. 예루살렘과 유대에서 온 사람들이 있었지만 대군중에 비하면 극소수일 뿐이었다.

군중은 왜 왔는가? 예수께서 그들을 치유해 주셨기 때문이었다. 건강에서 소외돼 있던 모든 사람들, 부정하고 합당치 않다 여겨지던 사람들, 추방자들―그들이 예수를 따라와 그분의 말씀을 듣고자 한 곳에 모였다.

사마리아인들을 받아 주심으로 드러나다

사마리아인의 연원은 기원전 8세기에 앗시리아가 이스라엘 북왕국 사람들 대다수를 포로로 잡아갔을 때로 거슬러 올라간다. 앗시리아 침략자들은 그 빈 지역에 외국인들을 정주시켰고, 이어서 그 침략 군대가 남겨 둔 유대인들 일부와 이 외국인들 사이에 잡혼이 발생했다. 그리고 포로로 끌려갔다가 마침내 귀국한 유대인들은 이 사마리아인들을 혼혈로 여겨 기피하게 되었다. 이 두 집단 간에 형성된 인종적·종교적 갈등은 예수께서 나타나실 때까지 깊어졌다.

하지만 예수의 사명이 아웃사이더들을 향한 것이었으니만큼 그분은 기존 유대인들과는 다른 접근법을 취하셨고, 따라서 사마리아인들에게 손을 내미셨다. 기록된 예는 몇 안 되지만, 그분은 한 사마리아인 문둥병자를 치유해 주셨다. 제자들이 자신들의 선생을 박대한 어느 사마리아 마을을 멸하자고 했을 때도 예수께서는 거절하셨다. 또한 그분은 선한 이웃의 실례를 들면서 사마리아인을 그 주인공으로 치켜세우셨다. 사마리아 땅의 아웃사이더들 틈에서조차 아웃사이더로 살던 한 여인에게 그분 나라의 문을 활짝 열어 주셨다.

성전 정화를 통해 극적으로 표현되다

유월절 기간의 예루살렘에서 우리는 예수의 어떤 모습을 보게 된다. 많은 사람들이 있었지만 누구도, 심지어 그분의 제자들조차 예상치 못한 일이었다. 그분은 분노하셨다. 마태는 이 사건을 이렇게 기록한다.

> 예수께서 곧바로 성전으로 가셔서, 상점을 차려 놓고 사고파는 사람들을 모두 쫓아내셨다. 고리대금업자들의 가판대와 비둘기 상인들의 진열대도 뒤엎으셨다. 예수께서 다음 말씀을 인용하셨다.

내 집은 기도하는 집이라고 일컬어졌다.

그런데 너희는 그곳을 도둑의 소굴로 만들어 버렸다.

그제서야 눈먼 사람과 다리를 저는 사람들이 들어설 자리가 생겼다. 그들이 예수께 오니, 예수께서 그들을 고쳐 주셨다(마 21:12-14,「메시지」).

장사꾼들의 상행위 자체보다는 그러한 행위를 벌인 장소가 문제였다. 예수께서 이사야 56장에서 인용하신 본문은 이렇게 설명한다.

또 여호와와 연합하여 그를 섬기며
여호와의 이름을 사랑하며
그의 종이 되며
안식일을 지켜 더럽히지 아니하며
나의 언약을 굳게 지키는 이방인마다
내가 곧 그들을 나의 성산으로 인도하여
기도하는 내 집에서 그들을 기쁘게 할 것이며
그들의 번제와 희생을
나의 제단에서 기꺼이 받게 되리니
이는 내 집은 **만민이** 기도하는 집이라
일컬음이 될 것임이라(6-7절, 저자 강조).

성전 정화가 단행된 이방인의 뜰은, 하나님께서 아브라함에게 하신 약속을 이행하시리라는 믿음의 건축학적 표명이었다. 아웃사이더들이 오리라는 근본적인 믿음 위에 지어진 이 뜰은 특별히 아웃사이더들을 위한 장소로서, 그들에게 평화롭고 우호적인 기도의 공간을 마련해 주고자 함이었다.

장사꾼과 환전상들은 그 거룩한 공간을 소음과 잡동사니로 더럽혔다. 그 공간이 깨끗하게 정리되자 눈멀고 다리 저는 사람들이 더듬거리며 들어올 여지가 생겼다는 점에 주목해야 한다. 그들이 들어오자 예수께서는 어떻게 하셨는가? 그들을 치유해 주셨다.

예수께서 성전을 정화하신 이유가 바로 여기에 있었다. 사람들에 의해 밀려난 채 들어오지 못하는 아웃사이더들을 위해서 성전을 깨끗하게 하신 것이다.

예수의 마지막 비유를 통해 불멸이 되다

수난 주간이었고 예수의 예루살렘 입성은 이제 한 번으로 마지막이었다. 청중에게나 제자들에게나 그분의 말씀 또한 마지막이었다. 그분께서 하시는 모든 일이 마지막이었다. 마지막 몸짓, 마지막 식사, 마지막 치유, 마지막 구출. 마지막 일들은 깊다. 거기에는 종종 한 생애의 감정 혹은 영원한 진실이 압축되어 있다.

그분의 마지막 비유는 이것이었다.

"인자가 마침내 아름다운 광채를 발하며 모든 천사들과 함께 올 때에, 그는 자기 영광의 보좌에 앉을 것이다. 모든 나라가 그 앞에 늘어설 그때에, 그는 마치 목자가 양과 염소를 구분하여 양은 자기 오른편에, 염소는 자기 왼편에 두는 것처럼 사람을 구분할 것이다.

그때 왕이 자기 오른편에 있는 사람들에게 말할 것이다. '내 아버지께 복 받은 사람들아, 들어오너라! 이 나라에서 너희가 받을 것을 받아라. 창세 이후로 너희를 위해 준비된 것이다. 그 이유는 이렇다.

    내가 배고플 때 너희가 내게 먹을 것을 주었고
    내가 목마를 때 너희가 내게 마실 것을 주었고
    내가 집이 없을 때 너희가 내게 방을 내주었고
    내가 떨고 있을 때 너희가 내게 옷을 주었고
    내가 병들었을 때 너희가 내게 문병을 왔고
    내가 감옥에 갇혔을 때 너희가 내게 면회를 왔다.'

그러면 그 양들이 말할 것이다. '주님, 무슨 말씀이십니까? 언제 우리가 주님이 배고프신 것을 보고 먹을 것을 드렸고, 목마르신 것을 보고 마실 것을 드렸습니까? 언제 우리가 주님이 아프시거나 감옥에 갇히신 것을 보고 가 뵈었습니까?' 그러면 왕이 말할 것이다. '내가 중대한 진리를 말한다. 너희가 무시당하거나 남이 알아주지 않는 사람한테 그런 일 하나라도 하면, 너희는 바로 나한테 한 것이다.'

이어서 왕이 자기 왼편에 있는 염소들을 보고 말할 것이다. '이 무익한 염소들아, 나가거라! 너희는 지옥불 말고는 아무짝에도 쓸모가 없다. 그 이유를 묻는다면 이렇다.

내가 배고플 때 너희가 내게 먹을 것을 주지 않았고

내가 목마를 때 너희가 내게 마실 것을 주지 않았고

내가 집이 없을 때 너희가 내게 잠자리를 내주지 않았고

내가 떨고 있을 때 너희가 내게 옷을 주지 않았고

내가 병들고 감옥에 갇혔을 때 너희가 내게 와 보지 않았다.'

그러면 그 염소들이 말할 것이다. '주님, 무슨 말씀이십니까? 언제 우리가 주님이 배고프시거나, 목마르시거나, 집이 없으시거나, 떨고 계시거나, 병드셨거나, 감옥에 계신 것을 보고 도와드리지 않았습니까?'

왕이 그들에게 대답할 것이다. '내가 중대한 진리를 말한다. 너희가 무시당하거나 남이 알아주지 않는 사람한테—그게 바로 나였다—그런 일 하나라도 하지 않으면, 너희는 바로 나한테 하지 않은 것이다.'

염소들은 영원한 멸망으로, 양들은 영원한 상급으로 나아가게 될 것이다"(마 25:31-46,「메시지」).

예수께서 사랑하시는 제자가 강조하다

많은 이들이 요한복음 3:16의 예수의 말씀을 암기하고 있지만 바로 다음 절의 말씀을 기억하는 이는 많지 않다. "예수께서 사랑하시는"(요 13:23) 제자 요한은 아래의 내용이 포함된 예수와 니고데모의 대화를 기록했다.

하나님이 세상을 이처럼 사랑하사 독생자를 주셨으니 이는 그를 믿는 자마다 멸망하지 않고 영생을 얻게 하려 하심이라. 하나님이 그 아들을 세상에 보내신 것은 세상을 심판하려 하심이 아니요 그로 말미암아 세상이 구원을 받게 하려 하심이라. 그를 믿는 자는 심판을 받지 아니하는 것이요 믿지 아니하는 자는 하나님의 독생자의 이름을 믿지 아니하므로 벌써 심판을 받은 것이니라(요 3:16-18).

인간 조건에 대한 이 묘사를 보면, 우리는 모두 아웃사이더로서 이미 심판 아래 놓여 있다. 사무실 벽 같은 곳에 편안히 걸어 놓고 싶은 그림은 결코 아니다.

실내 장식가가 청색 및 회색 벽지와 여러 가지 배 그림을 가지고 항해 분위기가 나도록 여러분의 사무실을 꾸민다고 하자. 에덴 이후의 인간 조건이라는 성경적 관점에 최적으로 부합하는 선박은 어떤 것일까?

바로 타이타닉이다.

우리 모두가 알다시피 타이타닉은 당시 침몰할 수 없는 배로 여겨졌다. 하지만 그 거대한 여객선은 처녀항해에 나섰다가 1912년 4월 14일 칠흑 같은 밤에 차디찬 북대서양의 빙산과 충돌했다. 선체가 빙산에 긁히는 순간 고정못들이 튕겨 나갔고, 선박 우현의 강판이 분리되었다. 벌어진 틈은 크지 않았다. 문제는 빙산이 강판에 가한 압력으로 고정못들이 이탈했다는 것이었다. 벌어진 "틈"의 폭은 대부분 0.6-2센티미터 사이였다. 바닷물에 직접 노출된 빈 공간은 전부 합해서 약 1제곱미터에 불과했다.

많은 승객들이 잠을 자고 있었지만 이 충돌로 인해 깨어난 사람은 별로 없었다. 충돌을 느낀 사람들도 대수롭지 않게 여겼다. 사실상 거의 모든 사람이 하던 일을 계속했다.

하지만 선장은 무선통신사에게 조난 신호를 보내라고 지시했고, 승무원들에게는 승객들을 깨워서 구명조끼를 착용하고 구명정에 타게 하라는 명령을 내렸다.

처음에 승객들은 승무원들이 과민하게 반응한다고 생각했다. 어찌 됐든 이 배는 인간이 만들어 낸 가장 안전한 여객선이었다. 모든 것이 좋아 보였고, 승객들은 별다른 걱정을 하지 않았다. 처음으로 내려진 구명정 몇 척에는 정원의 반 정도밖에 타고 있지 않았다. 그 추운 날씨를 견뎌 가며 귀찮은 일을 하고 싶어 하는 승객들은 거의 없었다.

***

조난 현장에 올 가능성이 있는 배는 카르파티아호뿐이었다. 하지만 선장이 타이타닉의 침몰에 소요될 것으로 예측한 두 시간 안에 그 배가 도착할 수는 없었다. 결국 구명정이 유일한 희망이었다. 그렇게 구명정에 타고 있다가 망망대해에서 얼어 죽기 전에 카르파티아호가 와서 구출해 주기만을 바랄 뿐이었다.

승무원들이 승객들에게 전달한 최종적인 내용은 이것이었다. "배가 침몰하고 있습니다. 구명정에 타지 않으면 여러분은 배와 함께 가라앉을 것입니다."

근본적으로 그것이 요한복음 3:16-18의 전언이다.

예수의 사명은 그 배를 바다 밑으로 보내는 것이 아니었다. 그것은 이미 벌어지고 있는 상황이었다. 그분께서는 침몰하고 있는 이들을 구원하러 오셨다.

그 구명정이 예수다.

그리고 우리의 역할은 간단하다. 할 수 있는 한 많은 이들이 구명정에 탈 수 있도록 돕는 것이다.

악단은 밤새도록, 최후의 일각까지 연주했다. 소문에 의하면 "래그타임" 재즈로 시작했다가 "내 주를 가까이 하려 함은"으로 마쳤다고 한다.

카르파티아호는 그날 새벽에 도착했다.

생존자들은 구명정에 타고 있던 사람들뿐이었다.

745명이 구조되었고, 1,595명이 죽었다.

마지막 구출에 나타나다

바로 옆 십자가에서 한 아웃사이더가 예수를 부르며, 그분 나라로 들어가시면 자신을 기억해 달라고 부탁했다. 그리고 돌아가시기 직전, 예수께서는 구명정에 한 사람을 더 태우셨다.

적용과 토론

1. 아래에 제시된 성경의 인물들은 어떠한 사건이나 신분으로 인해 아웃사이더가 되었는가?
   · 다말
   · 라합
   · 룻
   · 밧세바
   · 마리아
   · 목동들
   · 동방박사들

   오늘날에도 아웃사이더의 자리로 내몰리는 사람들이 있을 수 있는데, 어떤 이유 때문인지 여러분이 알고 있는 예를 들어 볼 수 있는가?

2. 바깥에 있는 이들을 찾아나서는 하나님의 노력과 관련하여, 여러분은 오늘날의 교회가 어떤 면에서 예수 시대의 "인사이더들"과 닮았다고 생각하는가? 마태복음 20:1-16(일꾼의 비유)을 읽어 보자. 이 일꾼들은 자신들의 몫을 제대로 받았음에도 누군가 특별한 호의를 입었다는 이유로 분개했다. 하나님께서 여러분을 어린 나이에 구원해 주시고 따라서 여러분이 지금에 이르기까지 오랫동안 그분을 따르고 섬겼다고 하자. 예를 들어, 평생 하나님을 욕하고 자신의 행복만을 추구하며 살던 어떤 사람이 어느 날 갑자기 하나님의 환영과 축하를 받는다면 여러분의 마음은 어떠하겠는가? 누가 됐든 이 잃어버린 양을 찾은 일로 인해 하나님과 함께 기뻐할 수 있겠는가? 함께 천국에 가고 싶

지 않은 사람이 혹 있는가?

3. "할 수 있는 한 많은 사람이 구명정에 탈 수 있도록 돕는" 일을 여러분의 소명으로 생각한다면 여러분이 다른 이들을 대하는 방식은 어떻게 달라지겠는가? 또 여러분의 시간과 여타 자원의 사용 방식 및 사용처는 어떻게 달라지겠는가? 그로 인해 특정 개인이나 사람들을 바라보는 여러분의 시각과 대응 방식이 바뀔 수 있겠는가?

4. 침몰하는 사람들에게 여러분은 어떤 방식으로 손을 내밀 수 있는가? 그들의 안전을 위해 어떻게 도울 수 있는가?

8

안에 있는 자들에게 주시는
하나님의 명령

이는 죄를 위한 짐승의 피는 대제사장이 가지고 성소에 들어가고 그 육체는 영문 밖에서 불사름이라. 그러므로 예수도 자기 피로써 백성을 거룩하게 하려고 성문 밖에서 고난을 받으셨느니라. 그런즉 우리도 그의 치욕을 짊어지고 영문 밖으로 그에게 나아가자. 우리가 여기에는 영구한 도성이 없으므로 장차 올 것을 찾나니(히 13:11-14).

유대인들의 생각으로 "영문 밖"과 "성문 밖"은 동의어였다. "영문 밖"의 기원은 이스라엘이 이집트에서 나와 겪은 광야 방랑의 시기까지 거슬러 올라간다. 당시 막 태동하던 국가의 진영 안으로 들여올 수 있는 것과 없는 것에 대한 엄격한 규정이 있었다. 후일 이 진영이 성읍으로 대체되면서 그 용어는 "성문 밖"으로 바뀌었다.

밖에 있는 것은 부정한 것이었다. 밖에 있는 자들—예를 들어, 문둥병자들—은 각종 축제와 절기, 결혼식과 장례식, 예배와 의식 등을 포함하여 "인사이더들"이 모이는 어떠한 곳에도 접근할 수 없었다.

인사이더가 바깥의 부정한 것에 전염되는 일이 있어서는 안 되었다. 그러므로 밖에 있는 자가 안으로 들어오기 위해서는 정결 예식을 거쳐 제사장의 승인을 받아야 했다. 여기서 승인받지 못한 자는 영문 밖에 내다 버리는 쓰레기와 다를 바 없는 것으로 취급당했다.

히브리서 13장의 배경은 유대교에서 가장 성대하고 거룩한 날로 여기는 속죄일 의식이다. 희생 제사를 바친 후에는 다음의 절차가 준수되었다.

속죄제 수송아지와 속죄제 염소의 피를 성소로 들여다가 속죄하였은 즉 그 가죽과 고기와 똥을 밖으로 내다가 불사를 것이요 불사른 자는 그의 옷을 빨고 물로 그의 몸을 씻은 후에 진영에 들어갈지니라(레 16: 27-28, 저자 강조).

예루살렘 "성문 밖"에서만 시행될 수 있는 것들 중 하나가 로마 방식의 처형이었다. 십자가 처형은 남동쪽 성벽 바깥의 한 언덕 위에서만 집행되었다. 이 언덕 아래쪽은 성의 쓰레기장인 힌놈 골짜기였다. 아하스와 므낫세 왕의 치세 기간에 여기서 아이를 바쳐 인신희생을 치른 뒤로 이곳은 줄곧 저주받은 장소였다. 각 가정에서 먹고 버린 뼈들과 마구간 바닥에서 긁어 온 쓰레기들과 처분하려고 내다 버린 온갖 부정한 것들을 태우며, 곳곳에서 불길이 끊임없이 이어졌다. 연고자가 없을 경우, 혹은 있다 해도 너무 수치스러워서 수습을 꺼릴 경우, 처형당한 범죄자들의 시신도 종종 이곳에 유기되었다.

이 거대한 구덩이를 개와 독수리들이 뒤지고 다녔다. 이들이 먹다 남긴 것은 겁 없는 쥐떼들이 차지했으며, 그 다음에는 걸신들린 구더기떼가 들끓었다. 사방이 파리떼와 열기로 뒤덮였으며, 죽음의 냄새가 진동했다. 기피 대상자, 쓰레기를 뒤져 먹고 사는 극빈자, 그리고 성내의 청소부들 외에는 누구도 이곳에 오지 않았다. 여기가 힌놈 골짜기, 흔히 말하는 게헨나였다. 이 "죽음의 골짜기"는 하나님으로부터 영원히 버림받았음을 상징하는 적절하기 이를 데 없는 표현이었다.

이 골짜기를 굽어보시는 동안 하나님께로부터 버림받음을 몸소 겪으신 예수께서는 아웃사이더로 오셔서 저 바깥 마구간에서 태어나셨다. 그리고 아웃사이더들을 끝도 없이 찾아다니시는 동안 바깥에서 사셨다. 여우도 굴이 있고 새들도 깃들 곳이 있는데, 인자는 머리 두실 곳이 없었다(마 8:20). 그분은 당시의 인사이더들에게 자신을 개방하시고 자주 그들과 대화하셨으며 어떤 경우는 식사까지 하셨고 몇 차례 토론도 하셨지만, 결코 그들과 한 무리가 되지는 않으셨다. 그분은 아웃사이더들 틈에서 아웃사이더로 돌아가셨다.

히브리서 기자는 우리에게 거기 바깥 예수께로 가자고 요청한다. 진영 밖으로 가서 "그의 치욕을 짊어지자"고 요청한다. 그분께서 겪으신 수치와 고통과 외로움과 버림받음을 함께 나누어지자고 말한다.

왜 그런가?

성안의 삶에 현혹당해 우리가 이제 다 왔다고, 이러저러한 도시의 삶이 결국 믿음의 여정의 끝이라고 생각할 수 있기 때문이다. 그리고 일단 성문을 통과하기만 하면 인사이더가 된다고 생각할 수 있기 때문이다. 둘러싼 성벽이 우리를 보호해 주리라고, 우리 자신의 위상을 드러내 주는 곳, 우리 마음에 흡족한 그곳이라면 우리가 늘 희망하던 삶이 있으리라고 생각할 수 있기 때문이다.

하지만 이는 우리보다 앞서 간 선진들이 희망하던 삶이 아니었다.

이 믿음의 사람들은, 약속된 것을 아직 손에 넣지 못했지만 믿음으로 살다가 죽었습니다. 어떻게 그럴 수 있었습니까? 그들은 약속된 것을 멀리서 바라보며 반겼고, 자신들이 이 세상에 잠시 머물다 가는 나그네임을 인정했습니다. 그들은 그렇게 살아감으로써, 자신들이 참된 본향을 찾고 있음을 분명히 밝힌 것입니다. 만일 그들이 전에 살던 나라를 그리워했다면, 언제라도 돌아갈 수 있었을 것입니다. 그러나 그들은 그보다 더 나은 나라, 곧 하늘나라를 갈망했습니다. 이제 여러분은 하나님께서 왜 그들을 자랑스러워 하시며, 왜 그들을 위해 한 도성을 마련해 두셨는지를 이해할 수 있을 것입니다(히 11:13-16, 「메시지」).

인간 조건의 근원은 향수라고 한다. 우리 내면 깊은 곳에는 참된 고향을 향한 그리움이 있다고 한다. 하지만 이 그리움의 삶이 오래되면, 이 세상의 순례자요 나그네라는 모험의식이 점차 희박해진다. 가족이 있을 경우는 특히 더 그렇다. 학교가 좋고, 동네도 안전하며, 재산가치가 있는 곳에 정착하고 싶어진다. 아무리 가도 약속의 땅이 보이지 않으니 천막을 걷어 접고 어딘가에 정착하고픈 유혹이 생긴다. 성벽과 성문이 있어 안전하게 느껴지는 곳, 아웃사이더들은 절대 들어올 수 없도록 내부규칙이 엄격하게 적용되는 곳에 말이다. 에덴동산 정도는 아니겠지만 마당 잔디가 제대로 정돈되고 건물도 계약에 의해 관리되며, 여러분의 마음에 흡족한 사람들이 이웃으로 있는 곳. 게다가 솔직히 이야기하면, 그 이웃의 아이들 역시 여러분의 자녀와 어울려 놀 만한 수준이 되는 곳.

 그런 바람이 뭐가 잘못되었단 말인가?
 어떤 면에서는 전혀 잘못된 것이 없다.

어떤 면에서는 완전히 잘못되었다.

***

잃은 양을 찾아 집으로 데려오는 일—예수의 사명—은 또한 우리에게 부여된 일이기도 하다. "아버지께서 나를 보내신 것같이 나도 너희를 보내노라"(요 20:21).

하지만 우리가 바깥의 추위를 피해 안쪽의 온기를 찾아 들어갈 때 우리의 사명은 종종 실종된다. 우리가 어디서 왔는지, 애초에 어디 있었는지, 바깥에 있다는 것이 무엇을 의미하는지 우리는 잊어버릴 수 있다. 우리는 인사이더들의 모임과 인사이더들의 특권과 인사이더들의 안전과 인사이더들의 품위를 즐기기 시작한다. 그러다 보면 어느새 바깥에 있는 이들과 소식이 끊긴다. 그들을 향한 하나님의 계획과 그들을 향한 그분의 기도, 그들을 향한 그분의 열정을 잃어버린다.

우리는 주변의 성공한 사람들과 친구가 되고 싶어 한다. 그들은 근사한 지역에 살고, 그들의 아이들 또한 가정교육이 잘 되어 있다. 하지만 예수께서는 죄인들의 친구였다. 그분은 안에 있고 싶어 하지 않으셨다. 그분은 인생 궤도에서 이탈한 빈민가 사람들, 공민권도 없이 세상과 단절된 사람들과 함께 있고자 하셨다. 그들이 그분께서 선택한 이웃이었다.

나의 선택도 그러한가?

여러분의 선택도 그러한가?

안에 있는 자들에게 주시는 하나님의 명령 | **165**

나는 어려서부터 불운한 사람들을 보면 마음이 안 좋았다. 그리고 어른으로서 나는 내 아이들에게도 이러한 심성을 길러 주고자 했다. 하지만 그것이 내 삶의 방식은 아니었다. 나는 예수께서 하신 것처럼 찾아내서 구해 내는 사명을 수행해 본 바가 없었다. 그 사명은 가게 모금함에 거스름돈을 집어넣는 것과는 차원이 달랐다. 나는 도와줘야 할 사람이 보이면 멈춰 서서 도왔다. 내게 그 정도는 불편한 일이 결코 아니었다. 삼십 분을 손해 보더라도 누군가를 목적지까지 데려다 주거나 간단한 요깃거리를 사 준다든가, 하룻밤 묵을 곳을 제공하는 정도는 어렵지 않았다. 버스표를 사 주고, 자동차를 고쳐 주며, 주머니의 동전을 몽땅 내주는 정도는 말이다.

이 자체는 전혀 잘못된 것이 없다. 하지만 나는 바깥에 있는 어떤 이를 추적해 본 적이 없었다. 하물며 끈질긴 추적이랴.

그러므로 예수님을 사랑하는 마음이 깊어질수록 이 사명에 대한 마음 또한 간절했다. 적어도 시도해 보고자 하는 마음은 분명했다.

***

내가 이용하는 우체국 모퉁이에 한 여자가 서 있었다. 여자가 유독 눈에 띄었던 까닭이 있었다. 내가 보기에는, 여자가 들고 있던 적선 문구가 꽤 창의적이었고, 입고 있던 옷이 표백제에 담근 듯 심하게 탈색되어 있었다. 신호등이 적색으로 바뀌자, 여자가 차도 쪽으로 내려와 늘어선 차들을 따라 걸었다. 목이 좋군. 나는 그렇게 생각하며 차창을 내리고 얼마간의 돈을 건넸다. 아직 녹색 신호가 들어오기 전이었다. 여자는 순간적으로 내 눈을 쳐다본 다음, 돌아서면서 고맙다는 뜻의 말을 웅얼거렸다.

그 뒤로도 나는 그 여자가 생각날 때면, 이처럼 길거리에 나앉기 전에는 무엇을 하며 살았을까 상상해 보면서 그 장소를 들러 지나치곤 했다. 나는 잔돈이나 도시락, 음료수 같은 것을 차에서 건넸고, 그럴 때마다 여자의 인생이 늘 궁금했다. 나는 여자에게 무슨 말을 해야 할지 혹은 어떻게 해줘야 할지 알 수 없었지만, 가서 도와주라는 하나님의 재촉을 느꼈다.

어느 날 우체국 주차장에 차를 세우고, 여자에게 길 건너편으로 가서 점심을 같이 하자고 권했다. 아주 가까운 곳으로 제안했다. 그래야 여자가 불안해 하지 않을 것 같았다. 여자는 동의했다.

여자는 바깥 생활을 오래 한 탓으로 실제 나이보다 늙어 보였다. 놀랍게도 여자는 내 딸아이와 비슷한 연령대였다. 언어장애가 있는 것 같았다. 아니면 입을 충분히 벌릴 수 없어서 발음이 명확하지 않았을 것이다. 어느 쪽인지 알 수 없었다.

여자는 조금씩 사연을 들려주었다. 사무적으로, 냉정하게. 여자는 한때 대학생이었고, 특별히 칼 세이건을 좋아하는 과학전공자였다.

"그분이 몇 년 전에 죽었죠?" 내가 말했다.

여자는 고개를 끄덕였다.

"그분이 몇 살 때 돌아가셨는지 혹시 아세요?"

"가만, 그분이 모년 모월 모일에 태어나서 모년 모월 모일에 돌아가셨으니까, 다 합하면……"

여자는 머릿속으로 계산을 했고, 그래서 나온 답은 햇수가 아니라 날수였다.

"아니 어떻게 그걸 날수로 계산하죠?" 나는 놀라서 물었다. 사실 여자에게 그 정도 계산쯤은 아무것도 아니었다. 여자의 두뇌는 늘 그와 같은 방식으로 작동했다. 나는 서너 가지 문제를 내서 여자를 테스트했고, 여자는 역시 같은 방식으로 모든 것을 수천수만의 날수로 환산해서 대답했다.

몇 달에 걸쳐 알게 된 사실이지만, 여자는 겉모습과 전혀 달리 읽고 쓰는 것은 물론 그 수준과 교양 정도가 남다르기까지 했다. 여자는 여러 나라 말이 가능했다. 어느 날 내가 여자를 데리고 가게에 간 적이 있었는데, 거기서 여자가 프랭크 맥코트(Frank McCourt)의 퓰리처상 수상작 「안젤라의 재」(Angela's Ashes)를 집어 들었다. 그것도 스페인어 판이었다. 나는 중학교 때 스페인어를 2년 간 배웠지만 실제로 써먹을 수 있을 만큼 많이 알고 있지는 못했다. "한번 읽어 봐 주시겠습니까?"라고 내가 말하자 여자는 뒤표지의 문구를 막힘없이, 말하자면 스페인어가 자신의 모국어인 듯 유창하게 읽어 내려갔다.

나는 여자에게 강박장애가 있음을 자세히 지켜보고서 알았다. 강박장애 하면 영화 '밥에게 무슨 일이 생겼나'(What About Bob?)의 빌 머레이나 '이보다 더 좋을 순 없다'(As Good As It Gets)의 잭 니콜슨의 모습이 떠오른다. 종류는 다르지만 둘 다 상당히 웃기는 배역이다. 하지만 나는 강박장애가 결코 웃기는 것이 아님을 배워야 했다. 여자가 겪고 있던 삶은 지켜보기 고통스러운 것이었다. 예컨대, 여자는 그 우체국 모퉁이에서 다른 사람과 접촉하면서 묻은 세균을 씻어 내느라 표백제를 세 통씩이나 써 댔다. 그것으로도 감염될까 봐 설거지용 고무장갑을 끼기까지 했다.

당시 여자는 더 나이 많은 남자와 한 아파트에서 생활했지만, 그 둘은 결국 쫓겨날 처지에 이르렀고, 누군가 이사를 도와야 했다. 그때 마침 트럭을 가지고 있던 내가 자원했다.

가서 돕는데, 쓰레기봉투에 무엇을 담을 때는 장갑을 끼라는 지시를 받았다. 가구를 옮기면서 보니, 양탄자에 표백제를 쏟아서 군데군데 큰 얼룩이 져 있었다. 잡동사니가 너무도 많았지만 여자는 어느 것도 버리고 싶어 하지 않았다. 여자는 버릴 것과 가져갈 것을 결정하느라 미친 듯이 고민했다. 결국 여자는 아무것도 버리지 못했다. 우리는 모든 것을 내 트럭에 싣고서, 이미 검은 자루들로 넘쳐 나는 물품 보관창고로 향했다.

나는 그들 두 사람과 친구가 되었고, 그들과 함께하는 시간이 진정으로 즐거웠다. 그들 역시 그랬으리라고 나는 생각한다. 우리는 종종 함께 나가서 저녁을 먹었다. 자리는 주로 대화가 가능한 식당 안쪽으로 잡았다. 남자하고는 근처 주점으로 가서 맥주를 마시며 축구를 보기도 했는데, 그 과정에서 나는 미국에서 흑인으로 성장기를 보낸다는 것이 무엇인지 점차 알게 되었다. 나의 성장기와는 전혀 다른 것이었다.

남자의 내면에는 분노가 쌓여 있었다. 나는 그의 과거를 듣고 나서야 그의 분노를 이해할 수 있었다. 그는 나와 같은 나이였고 실직자였다. 베트남전에 징집되어 해군에서 복무했지만 전투를 경험하지는 않았다. 해군 측에서 그를 군체육단 권투선수로 이용했기 때문이었다. 그는 권투 경기를 하면서 유럽을 순회하기도 했는데, 주로 백인 아이들과 싸웠고, 그러한 흑백대결에는 늘 관중이 몰려들었다. 그가 내게 가르쳐 준 것 하나는, 혹시라도 더 크고 힘센 누군가가 싸움을 걸어온다 싶을 때 나 자신을 방어하는 기술이었다. 이런 기술을 써먹을 날이 있을지 모르겠지만, 알고 있으니 기분은 좋다.

여자는 이따금씩 내게 자신이 잘 가는 3, 4킬로미터 거리의 잡화점까지 태워 달라고 부탁하곤 했다. 그런 식으로 차를 타고 잡화점에 갔다 올 때는 중간에 세워 달라고 해서 자신이 좋아하는 개들이 있는 어느 집 뒤뜰 담장 너머로 샌드위치를 한두 개 던져 주곤 했다. 또 자신과 처지가 같은 길거리의 다른 여인들을 볼 때면 비닐봉지를 수북하게 채운 다음 내려서 전해 주곤 했다. 그렇다고 무슨 말을 길게 늘어놓는 법도 없었다. 그저 행운을 빌 듯 그 봉지를 건넬 뿐이었다.

나는 내가 참석하는 남성 모임에 가서 이들의 이야기를 했다. 모임 사람들은 어느 날 오전에 모자를 돌려 가며 정성을 보탰다. 나는 그렇게 모금한 돈으로 남자에게 운전면허증과 자동차보험을 마련해 주었으며, 남은 돈으로는 직장 면접 때 입고 갈 옷을 사 주었다.

모임 사람들의 주선으로 두 사람은 무료로 치과치료를 받았다. 나는 여자를 위해 여러 개의 복지 프로그램을 검토했다. 데려가서 깨끗이 씻기고 옷을 갈아입힌 뒤, 진료 및 강박장애 치료와 직업교육을 제공하는 기관 같은 곳을 소개했다. 여자의 결벽증을 잘 아는 나는 정말 깨끗한 곳을 찾아내고자 했다. 안 그러면 여자가 현관문조차 통과하지 않을 것이 분명했다.

진행 상황은 긍정적이었다. 나 자신이 뭔가 의미 있는 일을 하고 있고, 하나님의 마음에 맞는 일을 하고 있다는 느낌이 들었다.

여자는 어딘가에 수용되는 것을 거부했다. 조용히, 하지만 단호하게 거부했다. 나는 조용하고도 단호히 여자를 설득하려고 노력했다. 여자는 들었다. 내 설득이 통하는 듯싶었다. 하지만 결국 여자는 두려워하고 있었다. 여자는 그 전에도 이런 일을 겪어 본 적 있었고, 따라서 시설에 다시 들어가는 데는 회의적이었다. 아마도 약물 치료에 대한 거부반응이 지독했거나, 치료 과정에서 학대를 당했을 수 있다. 나로서는 알 수 없다.

나는 간청했다. "제발 좀 들으세요. 당신이 도움을 받을 수 있도록 내가 나서려는 겁니다. 하지만 당신 동의 없이는 일을 추진할 수가 없어요. 나는 이곳에 오래 있지 않을 겁니다. 당신이 저기 바깥 길거리에서 죽는 것을 보고 싶지 않습니다. 도움을 받지 않으면 언젠가는 그렇게 될 겁니다."

여자는 고개를 끄덕였다. 여자도 알고 있었다. 하지만 이유야 어찌 됐든 여자는 나의 조치를 받아들일 수 없었다. 나는 여자에게 신뢰감을 심어 주려고 노력했고, 여자는 실제로 나를 신뢰했다. 하지만 그러한 건물 안에 있는 사람들, 그러한 시설과 기관들, 흰 가운을 입고 서류철을 든 남자와 여자들을 여자는 신뢰하지 않았다.

여자는 여러 나라의 말로 된 책과 잡지들을 닥치는 대로 읽어 댔다. 혹시 내 차를 타고 어디 갈 데가 있는지 물으면 여자는 늘 그렇다고 대답했고, 그럴 경우 목적지는 대개 서점 아니면 잡지 가판대였다. 그런 식으로 반스 앤 노블 서점에 갔던 어느 밤을 나는 기억한다. 책을 읽던 여자는 폐점 시간이 임박해서야 몇 권을 챙겨 들어 계산대 위에 내려놓고는, 완전히 젖어 구겨진 지폐들을 주머니에서 하나씩 하나씩 꺼냈다. 길거리에서 적선을 받을 때마다 표백제로 세척해 넣어 둔 돈이었다. 서점 직원은 아무 말도 없이 마이크를 집어 들고는 누군가를 불러 종이수건을 가져다달라고 했다. 종이수건이 당도하자 직원은 지폐를 차례차례 닦아 내 말린 후 금전등록기에 집어넣었다. 옆에서 지켜보던 나는 생각했다. 여자에게나 그 주변 사람들에게나 저것은 얼마나 힘겨운 삶일까.

그들을 데리고 극장에도 두세 번 갔는데, 한번은 '오즈의 마법사'를 같이 보게 되었다. 나는 그 영화가 그들에게 어린 시절, 아마도 행복했을 유년의 기억을 되살려 주리라 생각했고, 지금 생각에 실제로 그랬던 것 같다. 화면에서 나온 빛이 두 사람의 얼굴에 반사되어 깜빡이는데, 확실히 그들은 아이처럼 즐거워하고 있었고, 이것은 내게도 흐뭇한 일이었다.

하지만 나는 그 전에도 여러 차례 그 영화를 봤음에도 마지막 장면에는 대비하지 못했다. 영화의 주인공 도로시가 캔자스로 돌아오는 순간 잠에서 깨어나며 이렇게 말한다. "집보다 좋은 곳은 없어······집이 제일 좋아." 그제야 나는 퍼뜩 정신이 들었다. 두 사람에게는 돌아갈 집이 없었다. 희망해 볼 집 또한 없었다. 그들은 길거리에서 헤매는 아웃사이더였다.

그럼에도 나는 결국 나 자신이 그들에게 도움이 되지 않는다고 결론 내리고 말았다. 결국은 돈 낭비, 시간 낭비, 힘 낭비라는 느낌이 들었다. 나는 다른 도시로 이사하면서 그들에게 작별 인사조차 하지 않았다. 그냥 떠났다.

***

그 당시 내가 본 영화 한 편이 있다. 내게 호소하는 바가 많았던 영화라서 그 즉시 책까지 사서 읽었을 정도였다.

'솔로이스트'(The Soloist). 스티브 로페즈가 너대니얼 아이어스를 만나서 겪은 일을 바탕으로 한 실화다. 아이어스는 재능 있는 음악가이자 정신분열증을 앓는 노숙자로, 쇼핑 카트를 끌고 다니며 산다. 로페즈는 자신이 근무하는 「로스앤젤레스 타임스」(Los Angeles Times) 칼럼에 실을 이야기를 구상하느라 고민 중이었는데, 마침 아이어스가 이야기의 소재로 적절하리라는 생각을 하게 된다.

그는 조사에 착수하고, 아이어스가 70년대에 2년간 줄리어드 음대를 다녔으며, 결국 한순간에 발병한 정신분열증을 원인으로 판단할 수밖에 없는 "개인적인 사정"으로 학교를 떠나야 했다는 사실을 알게 되었다. 로페즈는 아이어스가 뒷골목을 벗어나 건강한 사회 구성원이 되는 데 필요한 도움을 얻게 하려고 노력한다. 이 책은 이러한 노력의 과정에서 형성된 두 사람이 우정을 이야기한다. 다음은 이 어수선한 음악가에 대한 기자의 인상 깊은 한 대목이다.

그가 잠시 연주를 한다. 우리가 잠시 이야기를 나눈다. 꿈을 꾸는 듯한 경험이다. 너대니얼은 말도 안 되는 비행을 한다. 팔자선회를 하며 전혀 상관없는 주제들로 옮겨 다닌다. 하나님, 클리블랜드 브라운스 축구팀, 항공 여행의 신비와 베토벤의 영광. 그는 언제나 음악으로 되돌아온다. 그의 삶의 목적은 머릿속에 흩어져 있는 음들을 악보로 정리하는 일인 것 같다.[1]

각색된 영화의 한 장면에서 나는 가슴이 뜨끔해졌다. 아이어스(제이미 폭스)를 돕겠다는 노력이 별다른 효과를 거두지 못해서 실망한 로페즈(로버트 다우니 Jr.)에게 한 친구가 조언한다. "자네가 LA를 고칠 수 없듯이, 너대니얼도 고칠 수 없네. 그냥 그 사람의 친구가 돼서 가끔씩 보면 돼."

그냥 친구로 만나지 못했다는 것이 나의 실패였다. 나는 그 사람들을 길거리에서 이끌어 내려고 했다. 우체국 모퉁이의 여자가 건강한 정신을 되찾도록 도우려고 했다. 여자의 친구를 애초의 건전한 남자로 되돌리려고 했다. 근본적으로 나는 그들을 고치려고 거기에 있었다. 이유가 무엇이든 나는 필요한 존재가 되고 싶었을 것이다. 아마도 나는 어떻게 해서든 내 존재의 정당성을 부여하고 나 자신의 가치를 입증하고 싶었을 것이다. 모른다. 어쨌든 확실한 사실은 내가 그들을 돕지 못했다는 것이다.

'솔로이스트'의 마지막 장면은 연주회장이다. 로스앤젤레스 필하모닉 오케스트라가 베토벤의 현악 사중주를 연주한다. 카메라가 청중석 한 줄을 천천히 옆으로 훑어 나간다. 먼저 아이어스의 누이가 보인다. 그 다음은 아이어스, 이어서 스티브 로페즈. 화면은 거기서 정지하고 로페즈가 다음 기사를 구상한다.

"포인트 웨스트"
-스티브 로페즈 기자(독백)

일 년 전 나는 어떤 불운한 남자를 만났고, 어쩌면 내가 그를 도울 수도 있겠다고 생각했다. 내가 그를 도왔는지 모르겠다. 내 친구 아이어스가 이제 안에서 자는 것은 맞다. 그는 방 열쇠와 침대가 있다. 하지만 그의 정신 상태와 복지 수준은 우리가 처음 만난 날과 다름없이 불안하다.

내가 그를 도왔다고 말하는 사람들이 있다. 친구가 되는 단순한 행위만으로도 뇌에서 화학변화가 일어나고, 이 세상에서 그의 역할이 증진된다고 말하는 정신건강 전문가들이 있다. 그 점과 관련하여 내가 아이어스의 입장을 말할 수는 없다. 우리의 우정이 그를 도왔을 수 있지만, 아닐 수도 있다.

하지만 내 입장은 말할 수 있다. 아이어스의 용기와 겸손, 자기 예술의 힘에 대한 믿음을 목격하고서 나는 자신이 믿는 바에 헌신하고 그것을 지켜 낼 줄 아는 위엄을 배웠다고 말할 수 있다.

무엇보다도 나는 그러한 위엄이 우리를 고향으로 데려가리라고 의심의 여지없이 믿는다.[2]

로페즈가 아이어스를 위해 한 일이 있었다. 결국, 나는 그 여자 혹은 그 남자를 위해 로페즈처럼 할 수는 없었다. 나는 아웃사이더에게 가려고 노력했다. 그것이 옳은 일이고 하나님께서 내게 재촉하시는 일이라고 나 자신이 믿었기 때문이었다. 그것은 그들을 위한 일이었나? 지금 돌아보건대 확신할 수 없다. 그것은 나를 위한 일이었나? 모르겠다. 나는 여자를 길거리에서 벗어나게 해야 한다고, 그래서 여자의 장애를 치료해 주고 훈련시키고 직업을 찾아 주고 자활을 돕는 시설에 입소시켜야 한다고 생각했다. 추운 곳에서 안전하고 따뜻한 곳으로 데리고 들어가야 한다고 느꼈다.

결국 내가 받은 모든 교육과 훈련, 나의 모든 인생 경험에도 불구하고 나는 "그냥 친구가 되는" 법을 알지 못했다.

결국, 여자는 여전히 길거리에서 있었다.

그리고 나는 고향으로 돌아가지 못했다.

하나님의 마음에는 좀 더 가까이 — 그분 가슴의 친숙한 박동을 느낄 수 있을 만큼 — 다가갔지만, 집에는 아직 이르지 못했다.

적용과 토론

1. 여러분은 언제 집이나 고향에 대한 그리움을 느꼈는가? 여러분이 어디에 소속되지 못하고 혼자 떨어져 있다고, 혹은 친숙한 곳에서 너무 멀리 떨어져 있다고 느꼈을 때 무엇에 의지하여 위로와 안전을 구했는가?

2. "바깥에 있는" 누군가를 추적해 본 적이 있는가? 그것도 끈질기게 추적해 본 적이 있는가? 그러한 추적의 결과는 어떠했다고 생각하는가?

3. 교정하거나 고쳐 주려 하지 않고 그냥 친구가 되어 준 사람을 알고 있는가? 그들이 보여준 우정으로 여러분이 배운 점은 무엇인가?

4. 이와 같은 식으로 누군가에게 다가갈 수 있는 기회나 계기가 현재 여러분에게 있는가? 여러분은 어떻게 "영문 밖으로" 가서 그분의 "치욕을 짊어지고" 그분의 수치와 고통과 외로움과 버림받음을 함께 나누어 질 수 있는가?

9

되찾은
나의 일부

우리의 이야기 안쪽에 가치 있음이라는 우리의 인식이 산다. 이제 우리의 경험 속으로 걸어 들어가서 온전한 마음으로 살며 사랑해야 할 시간이다.

_브르네 브라운, '가치를 구걸함'[1]

앞 장 마지막 부분을 끝내고 이번 장 첫 부분을 시작하는 사이에 나는 다른 주로 이동했고, 다른 삶으로 넘어왔다. 떠나기 전에, 슬프고 외로운 일들, 벼랑 끝처럼 위험한 일들이 많이 있었다. 그 시간을 견디고 나는 살아남았다. 이는 기쁜 소식이었지만, 그 외에는 좋은 것이 거의 없었거나 없는 것처럼 보였다.

그리고 놀라운 일이 벌어졌다. 단번에는 아니었다. 하루하루 서서히 일어났다. 나보다 크고 강한 어떤 이가, 내가 내 속에 대고 하는 것보다 부드럽고 친절한 음성으로 말씀하시는 어떤 분이, 잃어버린 내 안의 부분들을 데리고 오시는 듯한 느낌이 들었다. 오랫동안 덮여 단단해진 눈 천장을 뚫고 올라오는 생명의 싹처럼 나의 감정이 돌아오고 있었다. 계속되는 상담을 통하여—한 주일 동안 분노, 수치심, 용서하지 않는 태도에 대한 집중적인 상담을 받았고, 또 다른 장소에서 또 한 주를 보내기까지 했다—그리고 그 방면의 중요한 책들 몇 권을 읽고, 훌륭한 친구들이 보여준 사랑을 통하여······생명이 돌아오고 있었다.

하지만 이 이야기는 잠시 뒤에 다시 하기로 하고, 내가 다른 주로 떠나기에 앞서 있었던 일을 먼저 나누기로 하자.

어느 오후였던가, 복잡한 심사를 잠시 돌려 보고자 혼자서 극장에 갔다. 입구에서 포스터를 죽 훑어보다가 '나를 보내지 마'(Never Let Me Go)에서 멈추었다.[2] 「타임스」(The Times) 기사를 인용한 선전 문구가 눈에 들어왔다. "지난 십 년의 최고 소설을 영화화하다." 그것으로 충분했다. 나는 표를 끊고 팝콘을 사서 좌석에 앉았다.

2010년에 나온 이 영화는 가즈오 이시구로의 공상과학 소설을 각색한 것이었다. 영국의 한 기숙학교 학생 몇몇이 자신들은 장기적출을 위해 특별히 만들어진 복제인간임을 알게 된다. 예정된 죽음과 대면하는 과정에서 급우 셋은 자신들의 운명을 받아들이고자 힘겨운 싸움을 벌이는 한편, 사랑과 인간 정체성의 의미를 이해하려고 애쓴다.

나는 이 영화를 세 번 봤다. 지금은 처음 봤을 때의 이야기인데, 객석이 거의 비어 있었고 나는 눈물을 흘렸다. 나는 이 영화의 모든 것이 좋았다. 촬영, 대본, 연출, 연기, 음향효과 모두 맘에 들었다.

당시 내 딸이 같은 도시에 살고 있었고, 자기 남편이 새로 잡은 직장 때문에 노스캐롤라이나로 이사 가야 한다는 이야기를 내게 했었다. 나는 딸 부부를 영화에 초대하는 것으로 작별의 정을 나누었다. 마지막 장면에서 캐리 멀리건이 연기한 주인공 캐시가 차에서 나와, 길가의 쓰레기가 걸린 철조망 앞에 선다. 그녀는 철조망 너머 들판을 바라보며 독백체로 이야기한다.

여기에 와서 상상해 본다. 이곳이 어린 시절부터 내가 잃어버렸던 모든 것이 휩쓸려 와 모이는 장소라고. 나 스스로에게 말해 본다. 그것이 사실이라면, 그래서 내가 기다릴 만큼 기다린다면 저 들판 너머 지평선에서 작은 모습이 하나 나타나리라고. 그 모습이 점점 커져서 애초에 그것이 토미였음을 마침내 내가 알게 되리라고. 그는 손을 흔들 것이다. 어쩌면 부르기도 하리라. 환상이 거기서 더 나아갈지는 모르겠지만, 나는 거기서 그친다. 그러고 보면 그와 함께 얼마만큼 시간을 보낼 수 있었으니 나로서는 행운이었다. 내가 확신하지 못하는 것은 우리의 삶이 과연 우리가 구해 내는 사람들의 삶과 그토록 달랐느냐는 점이다. 우리는 모두 끝났다("죽는다"). 우리 중 누구 하나라도 우리가 견뎌 낸 삶을 진정으로 이해했을까. 진정 그럴 만한 시간이 있었을까.

마지막 두 문장은 충격적이었다. 밖으로 나와서 딸에게 영화 포스터를 건넸다. 나는 딸 부부를 껴안고 눈물을 흘리며 사랑한다고, 잘 가라고 말했다.

    많은 사람들이 이 영화를 좋아하지 않았고, 이해하지 못했으며, 따라서 추천할 수도 없었다. 다수의 비평가들도 마찬가지였다. 나는 이 영화를 적어도 무의식 수준에서는 이해했지만 설명할 수는 없었다. 가슴은 이해하는데 머리는 그렇지 못한 것 같았다. 그래서 영화와 소설 모두에 대해 자료를 좀 찾아보고 해당 평론도 읽었다. 그러다가 「가디언」(The Guardian)에 실린 M. 존 해리슨(John Harrison)의 평론을 우연히 접하고서, 나의 머리는 가슴이 표현할 수 없었던 것을 마침내 이해하게 되었다.

이것은 희망이 지속적으로 침식한다는 이야기다. 우리가 아는 것, 말하자면 이 삶에서 사람들은 서로 실망시키고, 늙어서, 소멸한다는 사실을 우리가 억누른다는 이야기다. 평온을 유지해야 하지만 그것으로 무엇이 바뀌지 않으리라는 점을 알아야 한다는 이야기다. 캐시의 잔잔하고 무감한 마음의 풍경 아래에는 화산처럼 격한 동요가, 표현하지 않았지만 명확히 짚어 말할 수 있는 분노가, 용암처럼 끓어오르는 고아의 완벽한 분노가 있다.……

이 예외적인, 따라서 결국 놀랍도록 영악한 이 소설은 결코 복제라든가 복제인간에 대한 이야기가 아니다. 왜 우리는 분노하지 않느냐고, 왜 우리는 어느 날 벌떡 일어나 울며 소리치며 밖으로 달려 나가, 도달할 수 있었던 삶에 결코 도달하지 못했다는 거칠고 분노에 찬 철저한 자각으로 모든 것을 걷어차 박살 내지 않느냐고 이 소설은 말한다.

결국 평론가는 언어로 표현했지만 근본적인 느낌은 나와 다를 바 없었다.

나는 내 딸아이 부부와 영원히 함께할 수 없음을 알고 있었지만 그들이 그렇게 빨리 갈 줄은 생각하지 못했다. 내 아이들 중 누가 그토록 빨리 떠나리라고 나는 생각하지 못했다. 아마도 그것이 내가 그

옛 동네 가로등 아래 앉아 흐느껴 운 이유일 것이다. 그것은 너무도 빨리 끝났다. 나의 어린 시절. 내 아이들의 어린 시절. 그 시절들은 어디로 갔는가? 어째서 그토록 빨리 흘러갔는가?

그 소설을 비평한 평론가의 말에 동의한다. 우리 모두가 어찌하여 "어느 날 벌떡 일어나 울며 소리치며 밖으로 달려 나가, 도달할 수 있었던 삶에 결코 도달하지 못했다는 거칠고 분노에 찬 철저한 자각으로 모든 것을 걷어차 박살 내지" 않는지 나는 정말 모르겠다. 이런 식으로 느끼는 친구들이 내게 없다는 것, 있다 해도 실제로 표현하는 것을 내가 들어 본 적이 없다는 것이 나로서는 의아하다. 이러니 나는 더더욱 아웃사이더 같을 뿐이다. 극단적으로 예민한 사람만이 이런 식으로 느끼는 것인가? 예술가와 작가와 영화감독만? 내가 잘못된 것인가 아니면 나머지 세상 사람들 모두가 잘못된 것인가? 내가 현실감각이 없는 것인가, 그들이 없는 것인가?

내 인생을 너무 많이 낭비했다는 느낌이 들었다. 캐리 멀리건의 배역이 말하고 있듯 "우리는 모두 끝났다." 이는 죽음의 완곡한 표현이다. "우리 중 누구 하나라도 우리가 견뎌 낸 삶을 진정으로 이해했을까. 진정 그럴 만한 시간이 있었을까."

사실 나는 그때 내가 살아온 인생을 막 이해하기 시작했다. 하지만 불행히도 시간이 충분하지 않았다. 나의 모든 기억을 정리해서 전체적인 시야라는 대지를 밑에 깔고 용서라는 액자를 끼워서 빛이 잘 드는 곳에 걸어 둘 시간이, 애초의 의도대로 나의 모든 기억을 한눈에 들어오는 빛나는 그림으로 만들 시간이 없었다.

***

그러니 앞서 언급했던 나의 이야기로 돌아가자. 올해에 나는 오클라호마 시에서 장사를 시작한 내 딸아이 집에 머무르고 있었다. 그리고 어느 날 차를 몰고 포트워스로 건너가 내 누이와 두 조카를 만나 보기로 했다. 조카들은 이제 다 커서 결혼을 했고, 그중 하나는 아이까지 있다.

I-35번 도로를 타고 남쪽으로 내려갔다. 이는 결국 포트워스의 북쪽으로 진입한다는 뜻이었다. 나는 이 점을 전혀 의식하지 못하다가 시의 경계선을 넘어서야 알았다. 포트워스 북쪽 지대는 내 아버지가 축구 코치로 있던 곳이니 모를 수가 없었다. 익숙한 거리 표지판들이 눈에 들어오기 시작했다. 예를 들면 "북서부 28가"와 같은 표지판을 보았다. 가족과 함께 그 길을 따라 시온루터교회에 가던 생각이 났다. 어렸을 때는 그 길이 끝도 없이 길어 보였다. 석유 저장탱크들과 그 꼭대기에서 새어 나오는 독한 연기가 기억났다. 어린 시절 말고는 그 냄새에 대한 기억을 잊고 살았었다.

아버지와 함께하던 즐거운 시간들이 떠올랐다. 아버지는 당신이 몸담고 있던 세계를 내게 보여주었다. 그때 그 느낌, 얼마나 자랑스러웠던가. 라커룸으로 나를 데리고 들어가서 당신 동료들에게 인사시키고 악수하게 했었다. 남자들끼리 통하는 그런 악수 말이다. 나는 그 세계에 있을 때는 언제나 든든했다. 거기는 아버지가 지배하는 곳이었다.

아버지는 윌 로저스 회관에서 열리는 골든글러브 권투시합에 나를 데려갔다. 미식축구 시즌이 끝나면 축구선수 몇이 거기서 권투를 했다. 그곳은 지난 시대의 흑백 영화 속으로 들어온 듯 어둡고 침침한 장소였다. 뜨거운 불빛이 로프가 둘러쳐진 사각의 링 한복판으로 곧장 쏟아져 내리고 있었다. 사방에서 담배 냄새, 기름으로 튀긴 음식 냄새 따위가 진동했다. 관중은 대부분 남자였는데, 접이식 철제의자에 앉아 있다가 시합이 후끈 달아오를 때는 모두 일어섰다. 박수치고, 야유했다. 아마 그때 처음으로 나는 운동 시합에서 야유하는 소리를 들었을 것이다.

모든 것이 그토록 생생히 기억으로 되살아나다니 놀라웠다.

운전하는 동안 내 마음은 그 도시에서 보냈던 젊은 시절로, 사춘기 때로, 유년기로 돌아다녔다. 어떤 기억들이 잠시 떠올랐다가 오래가지 못하고 또 다른 기억들로 휙휙 넘어갔다. 남서쪽에 있던 텍사스 기독대학. 나는 대학 생활을 좋아했다. 글쎄……. 대학 친구들을 좋아했다. 핸드볼이나 농구를 하며 영 라이프 사역을 할 수 있어서 좋았다. 굳이 데이트를 해야 한다는 압박감을 느끼지 않아서 좋았다. 시간도 없었고 돈도 없었지만, 더 잘된 일이었는지도 모른다.

고등학교 아이들의 삶에 하나님의 모습이 드러났으므로 좋았다. 신입생 때 나는 성경을 잘 알고 있는 똑똑한 친구와 함께 사역했다. 지금이야 웃지만, 당시 우리가 고등학교 아이들을 데리고 모임을 할 때 몇 차롄가 속으로 기도하던 장면이 기억났다. 하나님, 혹시 아이들이 무슨 질문을 하더라도 내게는 말고 재키에게 물어보게 하소서.

이스트 벨크냅, 아내와 내가 결혼 후 거기서 처음으로 아파트를 얻었다. 제인레인 아파트. 처음에는 방 두 개, 하나는 침실로 쓰고 하나는 내 공부방으로 썼다. 그 다음 해 들어 딸아이가 생겼을 때는 방 세 개짜리에 살았다. 가끔씩 나가서 갈비를 먹던 집이 있었다. 그때 가게 이름이 뭐였던가? 새미스 갈비? 쿠어스 바비큐였던가?

어느새 나는 머릿속으로 도시 한 바퀴를 다 돌고 있었다.

누이의 집에는 제시간에 도착했다. 누이를 비롯해 조카들 부부와 함께 달라스로 가서 저녁을 먹기로 약속이 되어 있었다. 나는 조카의 한 살 난 딸아이에게 줄 선물을 준비해 갔다. 그들 모두를 볼 수 있어서 기뻤다. 서로들 만나서 웃고 이야기하는 모습을 보며 나는 조카들의 어린 시절을 떠올렸다. 조카딸 하나와 내 딸 이야기를 했고, 내 눈에는 눈물이 괴었다. 딸아이는 참으로 좋은 엄마였다.

누이와 함께 다시 차 안으로 들어오자, 애써 참고 있던 감정이 격해졌다. "왜 그래?" 누이가 물었다.

"저 아이들이 어느새 어른이 돼 버렸어. 저 아이들이 그동안 어떻게 살았는지도 모르고 나는 여기까지 온 거야. 저 아이들과 함께할 수 있는 많은 기회를 나는 낭비해 버렸어."

"켄, 저 아이들은 너를 각별히 생각하고 있어." 누이는 위로하듯 말했다.

나는 감정을 추스르고서 누이와 많은 이야기를 했다. 식사를 마치고 다시 누이의 집으로 와서, 침실로 자러 들어가다가 뭔가를 밟기 직전에 걸음을 멈추었다. 그것을 주워 들었다. 작은 낙엽 하나였다. 불그스레했다. 형태는 온전했고, 상한 데도 없었다. 하트 모양의 낙엽이었다.

"이것 좀 봐." 나는 누이에게 보여주며 말했다.

누이 역시 놀라는 표정으로 낙엽을 바라보았고, 살며시 웃으며 말했다. "새 출발의 신호야."

"그러면 좋겠지."

"너 오늘이 무슨 날인지 알아?"

"아니."

"12월 3일, 아버지 생신이야."

깨달음처럼 환해지는, 거의 초월적인 순간이었다.

***

다음날 나는 대학 때부터 알고 지내는 친구를 보러 갔다. 미리 전화를 해서 내게 상담을 좀 해주고 도와달라는 부탁을 했었다. 하나님께서 내 인생에서 하시는 일을 나는 이해하고 싶었던 것이다. 그는 나를 사랑하고 이해하는 친구이며 지혜로운 사람이다. 나는 그의 사무실 탁자를 앞에 두고 앉았고, 그는 칠판에 글씨를 써 가며 이야기 했다. 그는 내게 메타-내러티브(meta-narrative)가 무엇인지 아느냐고 물었다. 나는 알고 있었다. 그것은 우리 삶의 작은 이야기들을 관장하는 큰 이야기로서, 그 작은 이야기들에 존재 근거와 의미를 제공한다.

"당신 삶의 메타-내러티브는 무엇입니까?"

"나는 아침마다 잠에서 깨면 한 가지 기도를 하고 침대 밖으로 나오는데, 그 기도가 바로 나의 메타-내러티브입니다. 나는 먼저 또 하루를 선물로 주신 하나님께 감사를 드리고, 이처럼 요청합니다. '오늘 하루를 마칠 때는 지금 이 순간보다 더 예수를 사랑하게 하소서. 내일은 오늘 하루를 마칠 때보다 더 당신을 사랑하게 하소서. 모레는 내일보다 더 당신을 사랑하게 하소서. 이처럼 날마다 당신을 더 사랑하다가 마침내 당신의 얼굴을 뵙고 당신의 두 팔에 안기게 하소서.'"

나를 아는 그는 고개를 끄덕이며 칠판에 나의 말을 요약했다. 우리는 많은 이야기를 나누었고, 그가 칠판에 쓰는 동안 나는 공책에 옮겨 적었다.

그는 나의 미래 희망에 관해 물었으며, 그러한 희망들이 어떻게 실현되고 있는지 확인했다. 그리고 질문했다. "당신은 무엇을 두려워하십니까?"

"많은 것을 두려워하지는 않습니다만, 내 삶을 낭비하고 있다는 한 가지 두려움은 있습니다."

그는 그 말을 칠판에 적어 놓고는, 모래시계 모양의 도표를 그렸다. 이등분한 윗부분에는 "미래의 희망들"이라고 쓰고, 아랫부분에는 "성취된 희망들"이라고 썼다. 그리고 모래시계 가운데의 잘록한 허리 부분 옆에는 "낭비된 삶"이라고 적었다.

그는 설명했다. "당신이 여기 이 윗부분에 설정한 희망들이 아래로 내려가려면 이곳을 통과해야 합니다. 그는 "낭비된 삶"이라고 적힌 허리 부분을 가리켰다.

그는 한 걸음 물러서서 말없이 서 있었다. 나는 그가 무슨 의도로 그런 도표를 그렸는지 알 수 없었지만, 그가 말했다. "낭비된 삶이란 무엇을 말합니까?"

"아무래도 그것은 의미가 없는 삶, 지속적이지 못하고 누구에게도 도움을 주지 못하는 삶 같습니다."

"당신은 삶을 낭비했다고 생각합니까?"

"그런 느낌이 듭니다. 너무 많은 실수를 했고, 너무 많은 사람들을 실망시켰어요. 하나님까지요."

"죄의식과 수치심의 차이는 이렇습니다. 죄의식은 '내가 망가뜨렸다'고 말하고, 수치심은 '나는 망가졌다'고 말합니다. 켄, 당신이 실수를 좀 했겠지만 그렇다고 당신 자체가 실수는 아닙니다. 당신은 많은 사람들을 사랑하고 도왔어요. 당신은 삶을 낭비하지 않았습니다. 하지만 실패한 것에 대한 수치심 때문에 그런 식으로 느끼는 겁니다."

나는 고개를 끄덕였고, 그가 하는 말을 받아들이며 그것이 사실임을 인정했다.

"우리가 과연 인생을 낭비했는지 알 수 있는 사람이 있을까요? 우리가 큰 이야기 전체를 알고, 따라서 우리가 실패한 것들이 그 큰 그림 속에 어떻게 들어가 자리 잡는지 알기 전에는 누구도 우리 삶의 작은 실패들을 판단할 수 없습니다."

나는 부자의 문간 밖에 있던 나사로를 생각했다. 누가 인생을 낭비했는가? 큰 이야기가 무엇이냐에 따라 다르다. 세상의 눈에는 나사로가 인생을 낭비한 자였다. 하나님의 눈에는 부자가 그러했다.

나는 십자가에 달린 강도를 생각했다. 그는 아마 자신이 인생을 낭비했다고 생각했을 것이다. 하지만 그의 작은 이야기가 구속이라는 큰 이야기 속에 자리 잡았다는 사실을 생각해 보자. 그 강도가 한 것처럼 임종의 순간에 예수께 외침으로써 지금 그분과 함께 낙원에 들어 있는 이들이 얼마나 많을 것인가.

우리 중 누구에게 과연 우리의 인생 이야기 전체를 한눈에 꿰뚫어 보는 능력이 있어서 날마다 부딪히는 작은 사건들 하나하나를 판결할 수 있단 말인가? 예수의 이름으로 건넨 물 한 잔의 결과를 누가 과연 그 순간에 판단할 수 있단 말인가? 남몰래 드린 기도가 몇 세대를 건너 어떤 모습으로 나타날지 누가 아는가? 은밀히 보낸 선물은? 헌신적인 사랑은?

앨버트 슈바이처(Albert Schweitzer)는 이렇게 썼다. "언제나 씨 뿌린 자가 거두어들이는 것은 아니다. 가치 있는 모든 일은 믿음으로 이루어진다."

우리는 씨를 뿌린다. 우리는 씨앗을 만들 수 없다. 우리는 씨앗을 보증할 수 없다. 우리는 어느 것이 언제 싹이 난다거나 어느 것이 얼마나 많은 열매를 맺으리라는 식으로 씨앗을 통제할 수 없다. 우리는 심을 뿐, 자라게 하는 이는 하나님이시다. 우리는 믿음으로 심고, 거기서 무엇이 나오든 하나님께 맡긴다.

우리는 사랑하고, 웃고, 주고, 받고, 희망하고, 기도한다. 우리는 실패하고, 다른 이들은 우리를 저버린다. 우리는 서로 치욕을 안겨 준다. 우리는 서로 상처를 준다. 우리는 분노하고, 사랑과 우정과 용서를 보류한다. 우리는 넘어지고, 일어난다. 우리는 다른 이들을 일으켜 세운다. 우리는 운다. 우리는 그 모든 일의 의미를 궁금해 한다. 또한 그것이 무슨 소용인지, 낭비가 아닌지 의심해 본다. 그러다가 우리는 빵조각들을 발견한다. 그 빵조각들은 차츰 우리의 길잡이가 되고 양식이 된다. 그리고 어찌 된 일인지 우리는 친구들의 도움을 받아 집으로 가는 길을 찾는다.

친구와 작별하고 나올 때의 내 마음을 어떻게 설명해야 할지 모르겠지만, 뭔가 벅찬 기운을 되찾았다는 점만은 분명히 말할 수 있다. 오랫동안 피가 흐르지 않던 내 심장의 일부에 혈액이 다시 공급되는 듯한 느낌이었다. 나는, 브르네 브라운의 표현을 빌리면, "온전한 마음"을 느꼈다.

그녀가 자신의 책에서 사용한 인용구 하나는 신학자 하워드 터먼(Howard Thurman)의 것이다. "세상에 필요한 것이 무엇인지 묻지 말라. 당신을 살아 있게 하는 것이 무엇인지 묻고, 그것을 실천하라. 세상에 필요한 것은 살아 있는 사람이다."

평생을 나는 정반대로 살았던 것이다.

***

잠시 들러서 작별인사를 하려고 누이의 집에 다시 갔더니, 누이가 그 하트 모양의 낙엽을 액자에 끼워 놓고 있었다.

아직 어두워지기 전이었으므로 나는 즐거운 마음으로, 내 젊은 시절의 거리를 따라 마지막으로 한 번 차를 몰아 보기로 했다. 내가 다녔던 학교들, 학교에서 집까지의 통학로, 처음에 살던 옛 동네와 이사 가서 살던 동네까지. 나는 울었지만 어떤 식의 슬픔이나 후회나 고통은 없었다. 감사한 마음뿐이었다.

T. S. 엘리엇(Eliot)의 '네 개의 사중주'(Four Quartets) 연작시에 내가 좋아하는 부분이 있다.

우리의 모든 여행이 끝나면
출발했던 곳으로 돌아오리니
이제 거기는 처음 보는 곳이리라.[3]

"우리 다시는 고향에 못 가리"라는 토머스 울프(Thomas Wolfe)의 말은 사실일 것이다.

그러나 누구도 돌아가지 않고는 못 견딘다는 말 또한 사실이 아닌가 한다.

지난 몇 년 간 나는 어린 시절의 옛 동네에 여러 번 갔었다. 대부분 나 혼자였고, 대부분 그 모든 것을 받아들였다. 내가 왜 계속해서 갔는지는 지금도 확실히 알지 못한다. 아마도 이해하기 위해서였을 것이다. 혹은 용서 때문에, 용서하고 용서받기 위해서였을지도 모른다. 내가 거듭 되돌아간 이유 중 하나는, 아마 움켜쥐었던 두 손을 마침내 풀고 뭔가를 내보내기 위해서였을 것이다. 그렇게 함으로써 나는 펼쳐 든 내 두 손으로 뭔가를 받아들게 되었다. 선물.

나의 온전함이라는 선물.

여기에 내가 배운 것이 있다.

나는 하나님께서 우리 모든 이들의 고통스러운 과거의 기억들을 각 사람 앞에 불러내신다는 점을 배웠다. 그분께서 그렇게 하시는 이유는 옛날의 그 어린 소년을 염려하시기 때문이다. 지금도 여전히 그 어린아이의 영혼은 방금 넘어져 상처 난 무릎을 감싸 쥐고 길가에 앉아 다른 소년들에게 자신의 아픔을 감추려 애쓰고 있다. 또한 그분께서는 베개 위에 엎드려 말 못할 아픔을 조용히 삼키고 있는 어린 소녀를 가슴 아파하신다. 그분께서는 이렇듯 우리 안의 상처 입은 어린아이를 몹시 사랑하시므로 그러한 상처들로 인해 우리가 계속 아파하는 것을 원치 않으신다. 그분께서는 합당한 때에 합당한 방식으로 이러한 상처 앞에 이르셔서 차례차례 어루만져 주신다. 치유가 오는 것이다.

나는 세상이 필요로 하는 것은 온전한 마음을 가진 사람들, 살아 있는 사람들임을 배웠다. 그러므로 살아난 우리는 상한 갈대와 꺼져 가는 심지들에게로 가서 이 생명을 나누어야 한다.

나는 우리가 마땅히 영문 밖에서 살되 하나님 마음의 문안에서 살아야 함을 배웠다. 바깥은 인간 조건의 진실이 있는 곳이다. 안은 하나님 마음의 기쁨이 있는 곳이다. 바깥의 진실을 앎으로 우리는 안의 기쁨을 부끄러움 없이 누릴 수 있다. 안의 기쁨이 있으므로 우리는 바깥의 진실을 회피하지 않고 견뎌 낼 힘을 얻는다.

***

결코 우리는 인생을 낭비했다고 말할 수 없다.

 가치 있는 모든 것은 믿음으로 이루어지며, 우리 중 누구도 큰 이야기를 완전히 알 수 없으니 자신의 작은 이야기를, 다른 이들의 이야기는 더더욱 판결할 수 없다.

 자신을 살아 있게 하는 것이 무엇인지 묻자.

 그리고 그것을 추적하자.

 끈질기게.

적용과 토론

1. '나를 보내지 마'의 주인공은 말한다. "우리는 모두 끝났다(죽는다). 우리 중 누구 하나라도 우리가 견뎌 낸 삶을 진정으로 이해했을까. 진정 그럴 만한 시간이 있었을까." 자신이 삶이 누군가에게 조금이라도 의미 있는 것이었는지 깊이 생각해 본 적이 있는가? 자신의 삶이 애초에 의도했던 삶에 거의 도달했는지 생각해 보았는가? 그렇다면 당시 이러한 생각을 불러일으킬 만한 어떤 일을 겪고 있었는가? 어떤 부분에서 시간이 충분치 않았다고 느끼는가?

2. 죄의식과 수치심의 차이는 무엇이라고 생각하는가? 죄의식과 혹은 수치심이 지금까지 여러분의 삶에 어떠한 영향을 끼쳤는가?

3. 효과도 결과도 없는데 포기하지 않고 오직 믿음으로 견디며 지속해 온 일이 있는가?

4. 여러분 자신의 이야기 속으로 더욱 깊이 들어간다는 것, 혹은 브르네 브라운의 표현대로, 여러분의 경험 속으로 걸어 들어가서 온전한 마음으로 살며 사랑한다는 것은 무슨 뜻인가? 여러분을 살아 있게 하는 것은 무엇인가?

5. 이제 이 길을 따라 출발하고자 여러분은 어떤 결정을 내리고 어떤 행동을 취할 수 있을까? 어떻게 여러분은 포기하지 않고 끈질기게 이 길을 갈 것인가?

맺는 말

집에 오다

어떤 이에게는 하나님의 이 추적이 신속하고 단호하다. 그래서 막달라 마리아 같은 이는 즉시 과거를 청산하고 거룩하게 사는 여인이 되고, 사울 같은 이는 "사는 것이 그리스도니 죽는 것도 유익함이라" 할 만큼 세계적 포부를 지닌 바울로 등장한다.……스페인의 어떤 기사는 포탄에 맞고 튕겨져 나가 이그나티우스의 고결함 속으로 떨어진다. 또 어떤 이에게는 하나님의 일이 더 힘들고, 추적이 더 길다.

_프랜시스 르 뷔페, 「하늘의 사냥개: 해석」[1]

미국 해안경비대는 해마다 오천 명가량(혹은 그 이상)을 익사의 위험에서 구해 낸다. 2005년의 그 무서운 허리케인 카트리나가 덮쳤을 때는 생명이 위태롭던 삼만삼천여 명을 구출하고 대피시켰다.

1984년, 동부 연안에서 한 화물선이 폭풍에 휩쓸려 승무원 31명이 희생당했다. 당시 해군이 구조작업에 투입할 수 있었던 자원은 헬리콥터 1개 부대가 전부였다. 국회는 새로운 해안경비대 법안을 제정했다. 이름하여 해상구조대(Rescue Swimmers). 해안경비대에서 가장 뛰어나지만 잘 알려지지 않은 남녀 정예대원들이 즉시 출동명령을 받고, 헬리콥터에서 성난 바다로 뛰어내려 위험에 처한 사람들을 구조한다. 그들의 훈련은 전군에서 가장 센 것으로 알려져 있다. 교육대 입학생들의 절반 정도가 탈락한다.

영화 '가디언'(The Guardian)은 "다른 이들의 생명을 위하여"라는 좌우명에 헌신하는 사람들, 좀처럼 보기 힘든 이 전문구조대원들의 정신과 열정을 들여다본다.[2] 줄거리는 대충 이렇다. 구조 현장에서 추락사고로 동료를 잃은 유명한 대원 벤 랜달(케빈 코스트너)은 상부의 지시로 구조업무에서 물러나 해안경비대 구조대원 교육을 담당하게 된다. 그 교육대에서 그는 탁월한 수영 실력의 소유자 제이크 피셔(애쉬턴 커쳐)를 만나게 되는데, 이 교육생은 교관의 수영 기록을 모조리 깨겠다고 결심한다.

그리고 차례차례 깨 나간다.

하지만 벤은 동료들 사이에서 전설로 통하고, 제이크는 드러나지 않았던 벤의 영웅적 일화들을 접하게 된다. 이 자신만만한 교육생은 벤이 늘 어떤 숫자 하나를 의식하고 다닌다는 사실을 알고, 그 숫자는 벤이 그동안 구조해 낸 사람들의 수일 것이라고 여긴다. 그는 몇 번에 걸쳐 그 숫자의 비밀을 캐내려 하지만, 벤은 그 문제에 관해서는 이야기하고 싶어 하지 않는다.

한편, 벤의 입장에서는 제이크 역시 수수께끼 같은 인물이다. 올림픽 선수 수준의 이 수영 실력자가 무슨 까닭으로 대학 장학금을 포기하고 해안경비대를 선택한단 말인가? 그 아이 역시 아웃사이더이고, 벤은 그 아이를 안으로 데려오려면 어떤 연유로 그 아이가 지금 이 상황에 있는지 알아야 한다고 생각한다. 좀 더 조사하다가 벤은 제이크에게 수치심의 근원이 되는 비밀이 있음을 알게 된다. 제이크가 운전하던 자동차에 같이 탔던 수영부 친구들 여러 명이 사망했던 것이다.

벤은 어느 날 저녁 제이크를 사무실로 불러 말한다. "제이크, 그 보고서 읽어 봤네. 그날 밤 자네의 혈중 알콜농도 수치는 제로였어.

동전던지기로 운전할 사람을 정했는데 자네가 걸렸을 거구."

"그래서 모든 게 다 괜찮다 이겁니까?"

"아니, 다 괜찮다는 얘기가 아니라 사고라는 거지. 적어도 보고서의 내용으로는 그래. 제이크, 자네는 그때 열여섯 살이었어. 내가 성직자는 아니지만, 자네의 신부님이라면 그냥 넘어가도 된다고 생각할 걸세."

제이크는 이제 화가 나서 점점 목소리를 높인다. "그냥 넘어가도 된다? 그 엉터리 심리학자 같은 말투로 모든 것을 안다고 생각하시는 모양인데—내가 왜 여기 있죠? 교관님은 왜 여기 있습니까, 예? 구조 활동을 하기에는 너무 늦었죠. 그래서 결국 이 꼴이 난 거구요. 풀장에서 애들이나 가르치고 있는 게 싫은 겁니다. 틀렸나요? 교관님이 뭘 읽었든, 누구하고 얘기했든 나는 신경 안 씁니다. 나를 얼마나 안다고 그러세요!" 제이크는 잠시 숨을 고르며 생각을 정리한다. "내 일은 내가 알아서 합니다."

"그런 것 같군. 자네와 나의 유일한 차이점은, 나는 내가 잃은 사람들을 내 팔에 매달고 다니지 않는다는 거야. 제이크, 자네 심정 아네. 나도 똑같아. 나도 날마다 스스로 물어보네. 하필 왜 내가 살아남았냐고."

"그래서요?"

"그래서, 내 질문에 대한 답도 모르는데 자네 질문에 대한 답을 내가 어떻게 알 수 있느냐는 거지. 좀 앉아. 나는 자네가 팀의 일원이 되기를 바라네. 지금 자네가 속한 이 구조대 말이야. 제이크, 자네는 재능이 있어. 지금까지 거쳐 간 교육생들 중에서 단연 최고야. 인정할 건 인정해야지. 무엇보다 자네의 기록판이 그걸 증명하잖아. 하지만 내가 그 기록판에서 보는 게 무엇인지 아나? 나는 거기서 가장 빨리 현장에 도달할 수 있는 사람을 보네. 누구도 구할 수 없는 생명을 구하는 사람을 보네. 자네 팔뚝에 새긴 그 머리글자들을 존중하고 싶은가? 그렇다면 자네의 재능을 존중하게. 제이크, 자네가 구할 수 있는 사람들을 구해. 나머지는 보내는 수밖에 없어."

그 이해와 연민의 순간이 전환점이었다. 제이크는 자기중심적인 생각을 버리고 팀 동료들을 더 많이 생각하게 된다. 교육대 졸업 직후 그는 벤을 찾아가 맥주를 마시며 이야기한다.

"교관님, 교육대에 있을 때 물어보고 싶은 게 있었는데 못 물어봤습니다. 모든 사람을 다 구할 수 없는 상황에서는 누구를 선택해서 구합니까?"

"구조대원들마다 기준이 다르겠지. 하지만 내 경우는 간단해. 나는 가장 가까이 있는 사람, 혹은 가장 약한 사람을 구한다. 그리고 최대한 빠르게, 최대한 강하게, 할 수 있는 한 오래 헤엄을 친다. 나머지는 바다가 휩쓸어 가는 거야."

이어서 제이크가 재촉한다. "진짜 몇 명입니까?"

"스물둘."

제이크가 상상했던 것보다 한참이나 적다. "스물둘이요? 글쎄, 이백 명은 아니지만 뭐."

"스물둘은 내가 잃은 사람들의 숫자야, 제이크. 내가 잊지 않는 유일한 숫자지."

***

예수의 십자가 위 팻말은 충분히 이와 같은 뜻으로 읽힐 수 있었을 것이다. "다른 이들의 생명을 위하여!"

　예수께서는 우리 각 사람을 끈질기게 추적하시면서 최대한 빠르게, 최대한 강하게, 할 수 있는 한 오래 헤엄을 치셨다. 가장 가까이 있는 이, 가장 약한 이에게 다가가셨다. 하지만 모든 이의 구원을 바라셨던 예수의 마음에도 불구하고, 모든 이가 구원받지는 못했다.

　바로 옆에서 허우적대는 사람들 중 하나만이 예수께 손을 내밀었다.

　나머지 한 사람은 바다가 휩쓸어 갔다.

　예수께서 잊지 않으시는 숫자가 있다면, 아마도 그것은 구원받은 사람들이 아니라 잃어버린 사람들의 숫자일 것이다. 그분께서는 그러한 손실을 괴로워하신다. 그렇지 않다면 달리 무슨 이유로, 돌아가시기 직전 마지막으로 예루살렘에 들어가시며 그토록 비통하게 우셨겠는가?

　여러분은 아마 구원받은 아흔아홉에 속하며 잃어버린 하나는 아닐 것이다. 그렇다 해도 여러분의 한 부분은 잃어버렸을 수 있다. 작은 부분이거나 아예 하찮은 부분일 수 있다. 1퍼센트에 불과한 것일 수 있다.

　그 숫자를 보자. 예수에게서 멀리 떨어진 여러분의 한 부분을 바라보자. 수치심이거나 분노이거나 용서하지 않는 마음이거나 판단하는 마음이거나 스스로에 대한 의로움이거나 그 밖의 무엇이거나.

그 한 부분이 지금 그분에게서 멀리 있다.

이 점을 생각해 보자.

여러분은 진정 그것을 원하는가? 여러분의 어느 부분이 그분에게서 멀리 떨어져 있기를 원하는가? 세상에 없는 사랑으로 여러분을 사랑하시는 분, 무엇이라도 용서하시고 또 용서하실 수 있는 분, 거듭거듭 용서하시는 그분에게서? 여러분의 어느 부분이든 그분에게서 멀리 떨어져 있기를 원하는가? 여러분을 위해, 여러분의 모든 것을 위해, 여러분의 마지막 한 부분을 위해 모든 것을 희생하신 분에게서? 여러분의 어느 부분이 그분에게서 멀리 떨어져 있기를 원하는가? 여러분에게 어떻게든 좋은 것을 주시려는 분, 여러분이 상상할 수 없을 만큼 관대히 주시려는 그분에게서?

선한 목자께서는 내게 그러하셨듯 잃어버린 여러분의 그 한 부분을 위해 먼 길을 오셨다. 혼자 떨어져 위험에 처한 그 부분을 위해서 말이다.

그분께 외치자. 외로움에서 벗어나게 해달라고 외치자. 상처가 아프다고 외치자. 눈물로, 떨리는 입술로 외치자. 바로 외치자. 그분이 필요하다고 말씀드리자. 얼마나 필요한지 알려 드리자. 그분을 그리워한다고, 집에 가고 싶다고 말씀드리자.

그분께서 여러분을 찾아내신다. 그분께서는 그러한 분이시고, 그것이 그분께서 하시는 일이다. 뿐만 아니라, 잃어버린 것이 여러분의 단 한 부분일지라도 여러분은 그분께서 찾아내실 만큼 귀한 존재다.

여러분은 그분의 끈질긴 추적을 받을 만큼 귀한 존재다.

그리고 추운 데서 떨고 있는 그 부분을 찾아내시면, 그분께서는 여러분을 목 위로 둘러메시고 집으로 데려오실 것이다. 여러분이 안전하다는, 여러분이 가까이 있다는, 여러분이 이제 온전함에 이르고 있다는 그 사실로 인해 그분께서는 크게 기뻐하실 것이다.

돌아오는 길에 그분은 여러분에게 부드럽게 말씀하실 것이다.

그렇게 돌아오는 여정이 끝나면 그분께서는 여러분을 안에 들이시고, 그 안에서 여러분은 기꺼운 환영을 받으며 그분의 기쁨에 참여할 것이다.

그분의 아름다우신 이름으로 기도드리오니, 우리 모두가……그리 되게 하소서. 아멘.

부록

하늘의 사냥개

프랜시스, 자네의 시는 장엄하네. 그 말 외에는 다른 표현이 떠오르지 않는군. 어려운 시라서 몇 번이고 읽어야 하겠지. 하지만 내가 모든 구절을 이해하지는 못해도 대단히 감동적일세. 진정으로 다시 읽고 싶어지는군. 그만큼 걸작이야. 찬란한 보석 같은 시일세.　_로버트 왈드론, 「나를 뒤쫓는 하늘의 사냥개: 프랜시스 톰슨의 잃어버린 일기장」[1]

톰슨의 시는 이해는 고사하고 읽기조차 어려운 곳이 많다. 톰슨 시의 비유적 표현들은 지금보다 문학적인 시대의 산물이며, 따라서 현대의 독자들에게는 이 시의 미묘한 표현들이 대단히 낯설다. 이를테면 당시에는 성경 자체를 믿지는 않았어도 모두가 성경을 알고 있었고, 성경적 이미지가 담긴 표현들이 광범위하고 쉽게 이해되었다. 또한 당시의 시는 지금보다 형식적이어서 압운과 운율에 세심한 주의를 기울였다. 월트 휘트먼(Walt Whitman) 이래로 시는 엄격한 약강5보격과 결별하고 좀 더 자유로운 무운시와 자유시의 리듬을 따랐다.

　시가 어렵다고 하는 사람들이 많다. 시의 형식과 전통적인 사용 방식을 이해하면 덜 어려울 것이다. 시는 경제적으로 이야기하는 방식이며, 흔히 그 자체로 하나의 작은 이야기이기도 하다. 톰슨의 시가 좋은 예다. 일반적으로 시는 어떤 한순간, 그리고 그 순간 시인에게 일어난 생각이나 느낌을 포착한다. 이런 의미에서 시는 장편은 물론 단편소설과도 기능이 다르다. 시는 공들여 다듬은 작은 예술 형식이다. 하나의 브로치와 같이, 섬세하게 다듬은 언어의 세공품으로서 정확히 깎아 낸 보석이 박혀 있고, 그 보석의 표면에서는 한 개인이나 우주의 진실이 빛을 낸다.

물론 모두가 브로치를 좋아하지는 않는다. 개중에는 과도하게 장식이 많고 화려한 것들도 있다. 하지만 아무리 화려하고 촌스러워 보인다 해도, 이 사회에 시는 반드시 필요하다. 거룩한 것들에 대해 존중심, 심지어는 경외심을 가지고 말하기 때문이다. 그리고 사실 요즘 같은 세상에 우리가 어디 가서 그처럼 거룩한 것들을 존중하는 방식의 말을 들어 보겠는가?

나는 언제나 사이먼 앤 가펑클의 음악을 좋아했다. 그들은 그러한 것들을 낮은 음성으로 이야기한다. '모든 것이 발견되기를 기다리고 있다'(All Things Wait to Be Noticed)는 아트 가펑클의 노래인데, 보는 것으로 말하자면 시인들이 으뜸이 아닌가 한다. 시인들은 우리에게 사물을, 특히 조용하고 수줍은 사물들을 보라고 한다. 그 조용하고 수줍은 것들이 이 세상과 다른 사람들과 우리 안에 있는 선하고 진실하고 아름다운 모든 것을 나지막이 이야기한다. 시인들은 우리에게 주의를 기울이라고 말한다. 그들이 보는 그 방식으로 우리에게 보는 법을 가르친다. 그들이 듣는 그 방식으로 우리에게 어떻게 듣고, 어떻게 생각하고, 어떻게 느껴야 하는지 가르친다. 꽃잎처럼 여린 것들이 가득한 세계, 우리의 무심한 발걸음에 쉽사리 짓밟힐 수 있는 부드러운 것들의 세계에서 어떻게 걸어야 하는지 가르친다.

***

로버트 왈드론(Robert Waldron)은 프랜시스 톰슨에 대한 가공의 이야기 「나를 뒤쫓는 하늘의 사냥개: 프랜시스 톰슨의 잃어버린 일기장」(*The Hound of Heaven at My Heels: The Lost Diary of Francis Thompson*)을 썼다. 그는 다음과 같은 말로 소설을 끝맺는데, 아웃사이더를 향한 하나님의 마음을 잘 표현하고 있다고 나는 생각한다.

> 톰슨에 대해 가르치는 사람들 다수가 시인이 생애의 대부분을 중독자로 보냈다는 사실을 언급하지 않았다. 아마 이 불편한 진실로 인해 학생들이 시인의 진면목을 알아보지 못하거나 자칫 유혹을 받아 죄의 길에 빠지지 않을까 하는 노파심이 있을 것이다. 분명히 그들은 학생들이 시인의 영적인 치열함을 배우되 육체적인 나약함은 본받지 않기를 원한다. 하지만 평생 아편중독과 싸웠다는 이 사실을 앎으로써 내게는 시인이 더욱 영웅적으로, 더욱 인간적으로 보인다. 톰슨의 삶이 우리 모두에게 말하는 바는 이렇다. 우리가 아무리 많이 실패하더라도 하나님께서는 우리를 저버리지 않으신다. 그분께서는 우리의 약함을 아시고 언제나 우리를 사랑하시며, 연인이 연인을 뒤쫓듯 단호히 우리를 추적하신다.[2]

톰슨의 시를 좀 더 현대적으로 번안한 것을 찾는다면, 마이클 카드(Michael Card)의 '하늘의 사냥개'라는 노래를 들어 볼 수 있다. 그는 이 시의 핵심을 포착하여 간결하고 호소력 깊은 노랫말로 옮겨 놓았다.

이 시를 분석하고자 한다면, 다음의 두 가지를 추천한다. 먼저 짧은 자료는 「나는 밤낮으로 그를 쫓았다」(*I Fled Him, Down the Nights and Down the Days: The Text of The hound of Heaven*)로서, 알지만타스 케지스(Algimantas Kezys)의 사진 해설과 J. F. 퀸(Quinn)의 시 해설이 포함되어 있다.[3]

이 저작에서 퀸은 이렇게 썼다. "'하늘의 사냥개'는 영어로 된 가장 위대한 시들 가운데 한 편은 아니라 해도 위대한 시들 가운데 한 편인 것은 분명하다. 사상의 숭고성, 표현의 강렬함, 이미지의 아름다움, 행의 선율 등, 위대한 시에 요구되는 자질들을 모두 갖춤으로써 이 시는 우리 영어권의 가장 위대한 시인들의 어느 걸작에도 뒤지지 않는다."

더 긴 자료는 프랜시스 르 뷔페(Francis Le Buffe)의 「하늘의 사냥개: 해석」(*The Hound of Heaven: An Interpretation*)이다.

이 자료에서 인용한 다음의 글이 나는 좋다.

우리는 모두 "무수한 낮과 밤을 따라 그분을 피해 달아났다." 그리고 이 시는 벨사살의 석회벽에 쓰인 손글씨처럼 우리의 영혼을 때린다. 우리가 이 시를 읽고 생각하는 동안, 예언자 나단이 다윗 왕에게 던졌던 고발의 언어가 우리 가슴 안쪽에서 울려 퍼진다. "당신이 그 사람이라······." 우리는 그 통렬한 울림에 우리의 가슴을 대고 "뛰게 하여 뒤섞인 온기를 함께 나눈다." 그러므로 이렇게 말해도 틀림이 없다. 무수히 많은 기도가 드려졌고 무수히 많은 가슴이 감화를 받아 이제부터는 하나님을 피해 달아나려는 시도를 끝내려 했다고, 한 행씩 읽어 나갈 때마다 기억이 사무쳐 영혼을 고통스럽게 태워 정화

했다고 말이다.

저 앞에서 나는 '하늘의 사냥개' 시작 부분과 마지막 부분을 인용했다. 여기서는 전문을 싣는다. 대부분의 독자들이 아마 시가 매끄럽게 읽히지 않는다고 느낄 것이고, 실제로 그럴 경우 온라인을 통해 시 읽기의 경험을 한층 풍부하게 해보기를 권한다. 리처드 버튼(Richard Burton)의 "하늘의 사냥개"라는 사이트에 가면 정통 연극을 훈련받은 이 배우의 음성으로 녹음된 시가 있다. 그는 그 녹음을 통해 시의 압운과 운율이 어떻게 기능하는지 보여주고, 고어의 발음에 관해서도 도움을 준다. 리처드 버튼의 낭송을 따라가며 다음의 시를 속으로 읽어 보자.

나는 그분을 피해 달아났다, 무수한 밤과 낮이 지나도록.
나는 그분을 피해 달아났다, 수많은 세월의 회랑을 따라서.
나는 그분을 피해 달아났다, 내 마음의 미로를 따라서.
그리고 그분을 피해 눈물의 안개 속으로, 끝없는 웃음소리 아래로 숨었다.
거칠 것 없는 희망의 가로수 길을 달리다가
그 강인한 발걸음에 걸려들어, 바닥 모를
공포의 거대한 어둠 속으로 곤두박질쳤다.
발걸음은 그렇게 쫓아오고 또 쫓아왔다.
그러나 서두르는 법이 없었다.

보폭의 동요도 없었다.

냉정한 속도로, 긴박하나 당당하게

발걸음은 울렸다—그리고 그 발걸음 소리보다

더 빠르게 음성이 울려 퍼졌다—

"네가 나를 배신하므로 모든 것이 너를 배신하는구나."

붉은 커튼이 드리워지고, 사랑으로 엮어 만든

격자무늬 창살의 무수한 마음의 창가에 서서

들여보내 달라고 도망자처럼 나는 애원했다.

(뒤쫓아 오는 그분의 사랑을 나 알았으나

그분을 들이고 나면 다른 것을 못 가질까

심히 두려웠기 때문이었다).

그러나 그 작은 여닫이창이 한 번이라도 활짝 열리면

그분께서 오시며 앞세운 광풍으로 창은 격하게 닫혔다.

두려운 나는 어찌할 바를 모르건만, 사랑은 뒤쫓아 왔다.

나는 세상의 변방 너머로 달아나

별들의 황금빛 대문을 괴롭게 하며

그 안에 숨겨 달라고 달그랑거리는 빗장을 두드렸다.

가만히 삐걱이는 소리, 부드러이 덜컹거리는

소리가 나도록, 달의 창백한 성문을 흔들었다.

새벽에게는 불현듯 오라고, 저녁에게는 속히 오라고 말했다.

속히 와서 그대 어린 하늘의 꽃들로 나를 덮어

이 무서운 연인으로부터 숨겨다오―

그대의 희미한 장막으로 나를 가려다오, 그분께서 못 보시게!

나는 그분의 모든 종들을 유혹했지만

그들의 변함없는 충성에서 나의 배신을

그분을 향한 믿음에서 나에 대한 그들의 변심을

나를 배신하고, 나를 속이는 그들의 충직을 보았을 뿐이었다.

나는 광음처럼 빠른 모든 것들에게 달아나게 해달라고 호소하며

울부짖듯 휘날리는 바람의 갈기에 매달렸다.

하지만 그 바람의 말무리가 부드럽게 달려

창공의 기나긴 초원을 휩쓸고 가든

또는 천둥에게 붙들려

굉음을 내며 그의 전차를 몰아 하늘을 가로지르고

그 발굽으로 천지에 번쩍이는 번개를 일으키든

두려운 나는 어찌할 바를 모르건만, 사랑은 뒤쫓아 왔다.

여전히 서두르는 법이 없었다.

보폭의 동요도 없었다.

냉정한 속도로, 긴박하나 당당하게

추적의 발걸음은 왔다.

그리고 그 발소리 너머로 음성이 울려 퍼졌다―

"네가 내 안에 숨지 아니하므로 아무도 너를 숨겨 주지 않는구나."

나는 방황하며 찾아다니던 것을 더 이상

사람의 얼굴에서는 구하지 않게 되었다.
하지만 어린아이들의 눈 속에는 여전히
무엇이, 응답하는 무엇이 있는 듯하다.
그들만큼은 나를, 진실로 나를 위한 존재들이다!
나는 그들을 향해 애타게 돌아섰다.
하지만 그 어린 눈들이 이내 아름다워지며
내게 화답하려는 순간
그들의 천사가 머리채를 잡고 내게서 그들을 낚아챘다.
"그렇다면 너희 다른 아이들, 자연의 아이들아,
내게 와서" (나는 말했다.) "나의 아름다운 동무가 되어다오.
내 너희와 입맞춤으로 인사하리라.
내 너희를 안고 어루만지리라.
우리 대지의 여신의 무성한 머리채를 잡고
장난하며
바람의 성벽으로 둘러싸인 그녀의 궁전에서
그녀의 푸르른 하늘 천장 아래에서
그녀와 함께 성찬을 즐기며
새벽빛의 샘에서 흘러나오는
맑은 잔으로
너희처럼 무구하게 마시리라."
그렇게 되었다.
나는 아름다운 우정으로 그들과 하나가 되었고—

자연의 빗장을 풀어 그 비밀을 엿보았다.

하늘의 완강한 얼굴에 신속히 드리우는

그 모든 것들의 뜻을 나는 알았다.

거친 바다가 내뿜는 거품에서 어떻게

구름이 일어나는지 나는 알았다.

생멸하는 모든 것들과 함께 나는

생동하고 시들었으며, 그들과 더불어

나의 마음은 슬프거나 거룩했고

그들과 함께 즐거웠고 쓸쓸했다.

저녁이 와서, 그날의 죽은 거룩한 것들 주위로

깜빡이는 작은 촛불들을 켤 때면

나도 어두워졌다.

나는 아침의 눈길을 받으며 웃었다.

모든 날씨와 함께 나는 환호하고 슬퍼했다.

하늘과 함께 나는 울었고

하늘의 감미로운 눈물은 인간인 나의 짜디짠 눈물에 섞였다.

붉게 고동치는 일몰의 심장에

나의 가슴을 대고 뛰게 하며

뒤섞인 온기를 함께 나누었다.

하지만 그것으로도, 그것으로도 내 인간의 아픔은 가라앉지 않았다.

하늘의 희미한 뺨을 적신 나의 눈물은 헛되었다.

아! 우리는 서로가 하는 말을 모르는 것이다.

자연의 이 모든 것들과 나, 나는 소리 내어 말하건만—
저들의 소리는 움직임일 뿐, 저들은 침묵으로 말한다.
가난한 계모인 자연은 나의 갈증을 풀어 줄 수 없다.
그녀가 나를 품고자 할진대
저 창공의 가슴을 가린 푸른 너울을 풀어 헤쳐
자신의 부드러운 젖가슴을 내게 보여야 하리라.
그녀의 가슴에서 나온 젖이 나의 타 들어가는
입을 축복한 바 결코 없었으니.
추적자는 점점 가까이 다가온다.
보폭의 동요도 없다.
냉정한 속도로, 긴박하나 당당하게
그리고 그 쿵쿵거리는 발소리보다 빠르게
한 음성이 다가온다—
"보라, 네가 나를 만족하게 하지 않으니 아무것도 너를 만족하게 하지
않는구나!"
벌거벗은 채 나는 높은 데서 내리치는 당신의 사랑의 칼을 기다립니다!
당신은 나의 갑옷을 차례차례 끊어 떨어뜨렸고
무릎을 꿇게 하셨으니
이제 나는 온전히 무력합니다.
아마도 나는 잠들었으리라. 깨어서
천천히 둘러보니, 잠든 사이에 옷이 벗겨진 것이다.
나는 젊은 날의 무분별한 혈기로

시간의 기둥을 흔들었다.

내 인생의 지붕은 무너져 내렸고, 나는 흙먼지를 뒤집어썼다.

이제 나는 퇴적된 세월의 먼지 속에 서 있다―

그 흙더미 아래 나의 절단 난 젊음이 묻혀 있다.

나의 날들은 장작처럼 튀며 타다가 연기가 되었고

물결 위에 부서지는 햇빛처럼 사라졌다.

그렇다. 꿈꾸는 자에게 이제 꿈은 부질없고

악기는 더 이상 노래하는 자를 위해 울어 주지 않는다.

꽃처럼 피어나는 몽상의 밧줄로 지구를 붙들어 매서

내 팔목의 노리개처럼 흔들었지만, 무한히 이어지던

그 몽상도 이제는 시들어 가고, 무거운 슬픔에 지쳐

지구를 매달기에는 너무도 약한 줄들만 남았다.

아! 당신의 사랑은 진정으로

잡초, 자신의 꽃 말고는 어떠한 꽃도

피어나지 못하게 하는 불멸의 잡초입니까?

아! 진정으로―

무한한 창조자여!―

아! 당신은 숯이 되도록 나무를 태워서야 그것으로 그림을 그립니까?

나의 젊음은 그 분별없는 소나기를 먼지 속에 쏟아 버렸다.

이제 나의 마음은 폐허의 샘과 같아서

한숨짓는 내 마음의 가지 위에 앉아, 축축이 젖어

떨고 있는 생각에서 떨어져 내린

눈물방울이 고여 썩는다.

이러할진대, 앞으로는 어찌 되겠는가?

과육이 그토록 쓴데, 껍질은 어떠하겠는가?

시간의 안개 너머로 희미하게 보이는 것을 헤아려 본다.

하지만 숨겨진 영원의 성벽에서는

이따금씩 나팔소리가 울리고

흔들린 안개는 불안하게 떠돌다가, 다시

어렴풋이 보이는 망루 주변으로 서서히 몰려든다.

그럼에도 나는 아직 소환하는 자 앞에는

이르지 아니하였으니, 내가 처음에 본 그는

심홍빛 어둠의 장옷을 두르고, 무덤나무 왕관을 쓰고 있었다.

그의 이름을, 그의 나팔소리의 뜻을 나는 안다.

당신께서 추수하는 것이 사람의 마음이든

생명이든, 당신의 들녘이 썩어 버린 죽음을

거름으로 삼아야 하겠습니까?

이제 그 기나긴 추적의 진동이

한층 가까이 들려오고

그 음성이 격노한 바다처럼 나를 둘러싼다.

"네 땅이 그렇게 훼손되고

산산이 부서져 흩어졌느냐?

보라, 네가 내게서 달아나니 모든 것이 네게서 달아난다!

기이하고, 불쌍하고, 헛된 것!
무익한 것을 귀하게 여기는 자가 나 말고 없음을 아는데
어느 누가 과연 네게 줄 사랑을 남겨 두겠느냐?" (그분께서 말씀하셨다.)
"인간의 사랑은 인간의 공로를 요구하느니—
네게는 무슨 공로가 있느냐—
인간의 모든 흙덩이 가운데서도 가장 더러운 흙덩이인 네가?
슬프도다, 너는 털끝만한 사랑도 받을 가치가
없음을 모르는구나!
나 아니면, 오직 나 아니면
비천한 너를 누가 사랑해 주겠느냐?
내가 네게서 너의 모든 것을 취함은
너를 해롭게 하려 함이 아니요
다만 네가 그 모든 것을 내 품 안에서 찾도록 하려 함이었다.
네가 어린아이 같은 생각으로 잃어버렸다 여긴
모든 것을 나는 내 집에 쌓아 두었노라.
일어나서, 내 손을 잡고, 가자!"
그 발걸음이 내 곁에서 멈춘다.
결국 나의 어둠은
사랑으로 내미신 그분의 손 그림자란 말인가?
"아, 어리석고, 눈멀고, 약한 자여,
내가 바로 네가 찾는 자이니라!
네가 나를 쫓아내므로 네게서 사랑을 쫓아냈느니라."[4]

주

제사(題詞)

1. Robert Waldron, *The Hound of Heaven at My Heels: The Lost Diaries of Francis Thompson*(San Francisco: Ignatius, 1999), 90. (「나를 뒤쫓는 하늘의 사냥개: 프랜시스 톰슨의 잃어버린 일기장」 가톨릭출판사)

들어가는 말_ 집을 떠나다

1. Francis Peter Le buffe, *The Hound of Heaven: An Interpretation*(New York: Macmillan, 1921), 6.
2. S. E. Hinton, *The Outsiders*(New York: Viking Juvenile, 40th Anniversary Edition, 2007), 176. (「아웃사이더」 문예출판사)

1장 추적

1. Le Buffe, *The Hound of Heaven: An Interpretation*, 25.
2. Eugene O'Neill과 Dorothy Day에 대한 자세한 정보는 다음을 보라. William D. Miller, *Dorothy Day: A Biography*(San Francisco: Harper & Row, 1982), 103-118; Jim Forest, *Love Is the Measure: A Biography of Dorothy Day*(New York: Paulist, 1986), 41-42; (「잣대는 사랑」 분도출판사) Dorothy Day, *The Long Loneliness*(New York: Harper & Row, 1981); (「고백」 복 있는 사람) Patrick Jordan, ed., *Dorothy Day: Writings from Commonweal*(Collegeville, MN: The Liturgical Press, 2002), 44-45.
3. John Kelman, *Among Famous Books*(Ithaca: Cornell University Library, 2009), 311.

2장 추적자

1. 2장의 제사는 Anne Lamott와 Ed Underwood의 인터뷰에서 인용한 것이다. 다음 사이트에서 정보를 확인할 수 있다. www.jesusmovementblog.com/2010/07/21/best-conversion-story-anne-lamott.
2. Anne Lamott의 회심 이야기의 출처는 다음과 같다. *Traveling mercies*(New York: Anchor, 2000), 44-50. (「마음 가는 대로 산다는 것」 청림)
3. Margaret Wise Brown, *The Runaway Bunny*, Illustrated by Clement Hurd(New York: HarperCollins, rev. ed., 2005). (「엄마, 난 달아날 거야」 보물창고)
4. Frederick Buechner, *The Hungering Dark*(San Francisco: HarperSan-Francisco, 1967), 14.

3장 추적의 본질

1. C. S. Lewis, *Surprised by Joy*(New York: Houghton Mifflin Harcourt, rev. ed., 1995), 221. (「예기치 못한 기쁨」 홍성사)
2. *They Stand Together: The Letters of C. S. Lewis to Arthur Greeves*(1914-1963), Walter Hooper, ed.(New York: Macmillan, 1979), letter dated October 12, 1916.
3. Lewis, *Surprised by Joy*.
4. Lewis, *Surprised by Joy*, 185.
5. C. S. Lewis, *Mere Christianity*(San Francisco: HarperSanFrancisco, 2001), 199. (「순전한 기독교」 홍성사)
6. 같은 책.

4장 우리 안의 잃어버린 부분

1. Brené Brown DVD, The Hustle for Worthiness: Exploring the Power of Love, Belonging and Being Enough.
2. 같은 DVD.
3. Brené Brown, *The Gifts of Imperfection*(Center City, MN: Hazelden, 2010), 68.
4. *The Dictionary of Biblical Imagery*(Downers Grove, IL: InterVarsity, 1998). (「성경 이미지 사전」 기독교문서선교회)

5장 바깥에 있는 자들을 향한 하나님의 열정

1. Howard Macy, *Rhythms of the Inner Life*(Colorado Springs: Chariot Victor, 1999), chap. 1.
2. Frank Anthony Spina, *The Faith of the Outsider*(Grand Rapids: Eerdmans, 2005), 9-10. (「아웃사이더의 신앙」 SFC 출판부)
3. Edwin Markham, "Outwitted"는 다음에서 인용. *The Best Loved Poems of the American People*(New York: Doubleday, 2008), 66.
4. Gregory A. Boyd, *Repenting of Religion: Turning from Judgment to the Love of God*(Grand Rapids: Baker Books, 2004), 174.
5. 같은 책.

6장 바깥에 있는 자들을 위한 하나님의 준비

1. Henri J. M. Nouwen, *Reaching Out: The Three Movements of the Spiritual Life*(New York: Doubleday, 1975), 71. (「영적 발돋움」 두란노)
2. 같은 책, 52.
3. 같은 책, 81.
4. 같은 책, 73.
5. Richard Kearney, *Anatheism*(New York: Columbia University Press, 2011), 19.
6. 같은 책, 21.

7장 바깥에 있는 자들을 향한 예수의 사명

1. Spina, *The Faith of the Outsider*, 51.
2. 같은 책, 71.
3. 같은 책, 6
4. 같은 책, 139.

8장 안에 있는 자들에게 주시는 하나님의 명령

1. Steve Lopez, *The Soloist*(New York: The Penguin Group, 2008). (「솔로이스트」 랜덤하우스코리아)
2. 출처: The Soloist, Paramount 제작, 2009. 감독 Joe Wright, 각본 Steve Lopez와 Suzannah Grant, 주연 Jamie Foxx와 Robert Downey Jr.

9장 되찾은 나의 일부

1. 출처: Brené Brown DVD, The Hustle for Worthiness.
2. 출처: Never Let Me Go, 20th Century Fox 제작, 2010, 감독 Mark Romanek, 각본 Alex Garland와 Kazuo Ishiguro, 주연 Keira Knightley, Carey Mulligan, Andrew Garfield.
3. T. S. Eliot, "The Four Quartets," *Collected Poems*(New York: Harcourt, Brace, Jovanovich, 1991), 59.

맺는말_ 집에 오다

1. Francis Peter Le Buffe, *The Hound of Heaven: An Interpretation*, 9.
2. The Guardian의 줄거리 소개의 출처: DVD, Buena Vista Home Entertainment/Touchstone, 2007, 주연 Kevin Costner, Ashton Kutcher, Sela Ward.

부록_ 하늘의 사냥개

1. Waldron, *The Hound of Heaven at My Heels: The Lost Diaries of Francis Thompson*, 75.
2. 같은 책, 90.
3. John F. Quinn, 다음에서 인용했다. *I Fled Him, Down the Nights and Down the days: The Text of the Hound of Heaven* by Francis Thompson; photographic commentary by Algimantas Kezys; interpretive commentary and annotations by John F. Quinn(Chicago: Loyola University Press, 1970), n.p.
4. Francis Thompson의 시 The Hound of Heaven의 출전은 다음과 같다. Le Buffe, *The Hound of Heaven: An Interpretation*, 19-25.